Lösungsbuch „Bankwirtschaft in kundennahen Lernsituationen"

Wolfgang Grundmann

Lösungsbuch „Bankwirtschaft in kundennahen Lernsituationen"

Zum Lehrbuch für Bank- und Finanzkaufleute

6. Auflage

Wolfgang Grundmann
Norderstedt, Deutschland

ISBN 978-3-658-48134-6   ISBN 978-3-658-48135-3 (eBook)
https://doi.org/10.1007/978-3-658-48135-3

Die Deutsche Nationalbibliothek verzeichnet diese Publikation in der Deutschen Nationalbibliografie; detaillierte bibliografische Daten sind im Internet über https://portal.dnb.de abrufbar.

Ursprünglich erschienen unter „Lösungsbuch Fallorientierte Bankbetriebswirtschaft – Zum Lehrbuch für Bank- und Finanzkaufleute"

© Der/die Herausgeber bzw. der/die Autor(en), exklusiv lizenziert an Springer Fachmedien Wiesbaden GmbH, ein Teil von Springer Nature 2017, 2020, 2021, 2023, 2024, 2025

Das Werk einschließlich aller seiner Teile ist urheberrechtlich geschützt. Jede Verwertung, die nicht ausdrücklich vom Urheberrechtsgesetz zugelassen ist, bedarf der vorherigen Zustimmung des Verlags. Das gilt insbesondere für Vervielfältigungen, Bearbeitungen, Übersetzungen, Mikroverfilmungen und die Einspeicherung und Verarbeitung in elektronischen Systemen.
Die Wiedergabe von allgemein beschreibenden Bezeichnungen, Marken, Unternehmensnamen etc. in diesem Werk bedeutet nicht, dass diese frei durch jede Person benutzt werden dürfen. Die Berechtigung zur Benutzung unterliegt, auch ohne gesonderten Hinweis hierzu, den Regeln des Markenrechts. Die Rechte des/der jeweiligen Zeicheninhaber*in sind zu beachten.
Der Verlag, die Autor*innen und die Herausgeber*innen gehen davon aus, dass die Angaben und Informationen in diesem Werk zum Zeitpunkt der Veröffentlichung vollständig und korrekt sind. Weder der Verlag noch die Autor*innen oder die Herausgeber*innen übernehmen, ausdrücklich oder implizit, Gewähr für den Inhalt des Werkes, etwaige Fehler oder Äußerungen. Der Verlag bleibt im Hinblick auf geografische Zuordnungen und Gebietsbezeichnungen in veröffentlichten Karten und Institutionsadressen neutral.

Planung/Lektorat: Guido Notthoff
Springer Gabler ist ein Imprint der eingetragenen Gesellschaft Springer Fachmedien Wiesbaden GmbH und ist ein Teil von Springer Nature.
Die Anschrift der Gesellschaft ist: Abraham-Lincoln-Str. 46, 65189 Wiesbaden, Germany

Wenn Sie dieses Produkt entsorgen, geben Sie das Papier bitte zum Recycling.

Vorwort

Das vorliegende Lösungsbuch ist eine hilfreiche Ergänzung zum Buch „Bankwirtschaft in kundennahen Lernsituationen". Es enthält die Lösungen sowie erläuternde Hinweise zu den aufgeführten Aufgaben aus den Lernsituationen des Lehrbuchs. Durch Lösung der Lernsituationen und Aufgaben vertiefen die Auszubildenden im Finanzsektor ihr praktisches Verständnis der theoretischen Inhalte.

Hamburg, im Mai 2025

Wolfgang Grundmann
E-Mail: wolfgang@grundmann-norderstedt.de

Inhaltsverzeichnis

Prüfungsteil A 1
1 Das Konto 1
  1.1 Eröffnung von Einzelkonten 1
    1.1.1 Kontoeröffnung für einen Minderjährigen 2
    1.1.2 Gemeinschaftskonto 3
    1.1.3 Betreuerkonto 5
    1.1.4 Anderkonten und Anderdepots 6
    1.1.5 Pfändungsschutzkonto 7
  1.2 Rahmenbedingungen bei der Kontoeröffnung 8
    1.2.1 SCHUFA 8
    1.2.2 Allgemeine Geschäftsbedingungen (AGB) 10
    1.2.3 Maßnahmen zur Verhinderung von Geldwäsche 10
  1.3 Verfügungen über Konten 13
    1.3.1 Verfügungen im Todesfall 13
    1.3.2 Online-Banking 15
    1.3.3 Ombudsmann des privaten Bankgewerbes 16
  1.4 Eröffnung von Firmenkonten bei unterschiedlichen Rechtsformen 16
    1.4.1 Kontoeröffnung für eine offene Handelsgesellschaft 16
    1.4.2 Kontoeröffnung für eine Kommanditgesellschaft 17
    1.4.3 Kontoeröffnung für eine GmbH 18
    1.4.4 Kontoeröffnung für eine AG 20
    1.4.5 Kontoeröffnung für eine Partnerschaft 20
    1.4.6 Kontoeröffnung für einen Verein 21
    1.4.7 Bankgeheimnis und Bankauskunft 21
2 Zahlungsformen 25
  2.1 Kassengeschäfte 25
  2.2 Zahlung mittels Überweisung 26
  2.3 Zahlungen von Rechnungen mittels Lastschrift 28

2.4 Kartengestützte Zahlungen 33
2.4.1 Die Bank- und Debetkarte 33
2.4.2 Zahlungen mit Kreditkarte 35
2.4.3 Kontaktloses Bezahlen mit dem Handy 38
2.5 Reisezahlungsmittel 41
2.6 Auslandszahlungsverkehr 42
2.6.1 Risiken im Außenwirtschaftsverkehr 42
2.6.2 Sorten und Devisen 43
2.6.3 Nichtdokumentäre Zahlungen im Außenwirtschaftsverkehr 43
2.6.3.1 Zahlungen einer Auslandsrechnung mittels Überweisungsauftrag 43
2.6.3.2 Scheckzahlungen im Auslandszahlungsverkehr 44

3 Geldanlage auf Konten 45
3.1 Sichteinlagen 45
3.2 Termineinlagen 46
3.3 Spareinlagen 47
3.4 Anlage in Sparbriefen 48
3.5 Sparen nach dem Fünften Vermögensbildungsgesetz 48
3.6 Bausparen 50
3.7 Eigenvorsorge nach dem Altersvermögensgesetz 52
3.8 Versicherungssparen 54

4 Kreditgeschäft Teil 1 59
4.1 Kreditfähigkeit und Kreditwürdigkeit 59
4.2 Verbraucherdarlehen 60
4.3 Sicherheiten bei Privatkundenkrediten 62
4.4 Mietaval und Mietkaution 64

Prüfungsteil B **65**
5. Geldanlage in Wertpapieren **65**
  5.1 Gläubigereffekten **65**
    5.1.1 Inhaberschuldverschreibungen 65
    5.1.2 Bundeswertpapiere 65
    5.1.3 Stückzinsberechnung 67
    5.1.4 Pfandbriefe 68
    5.1.5 Floating Rate Notes (Floater) 69
  5.2 Teilhabereffekten **70**
    5.2.1 Aktie 70
    5.2.2 Bezugsrechte 71
  5.3 Aktienanleihe **72**
  5.4 Investmentzertifikate und ETFs **73**
  5.5 Wandelanleihen **77**
  5.6 Genussscheine **79**
  5.7 Optionsanleihe **81**
  5.8 Optionsscheine **81**
  5.9 Börse **82**
    5.9.1 Organisation der Börse 82
    5.9.2 Preisermittlung an der Effektenbörse 84
    5.9.3 Kurszusätze 84
    5.9.4 Wertpapierindizes 85
    5.9.5 Abwicklung von Kauf- und Verkaufsaufträgen an der Wertpapierbörse 87
    5.9.6 Wichtige Börsenbegriffe 88
  5.10 Depotgeschäft **88**
    5.10.1 Offenes und geschlossenes Depot 88
    5.10.2 Depotstimmrecht 91
  5.11 Emissionsgeschäft **92**
  5.12 Anlageberatung und Aktienanalyse **94**
    5.12.1 Fundamentalanalyse 95
    5.12.2 Technische Analyse 96
  5.13 Besteuerung von Zinsen, Dividenden und Kursgewinnen **98**
  5.14 Besteuerung von Investmenterträgen **100**
  5.15 Eurex Deutschland **102**

6 Kreditgeschäft Finanzierungsvorhaben begleiten 107
6.1 Grundpfandrechte 107
6.1.1 Grundstückskaufvertrag und Beurkundung 107
6.1.2 Wesentliche Bestandteile und Zubehör eines Grundstücks 107
6.1.3 Das Grundbuch 108
6.2 Privatdarlehen 109
6.2.1 Baufinanzierung 109
6.2.2 Finanzierung einer Eigentumswohnung durch Bauspardarlehen 112
6.2.3 Der notleidende Kredit 114
6.3 Firmenkredite 115
6.3.1 Sicherheitenstellung im Firmenkundenkreditgeschäft 115
6.3.1.1 Bürgschaft 115
6.3.1.2 Die sicherungsweise Abtretung von Forderungen 115
6.3.1.3 Die Sicherungsübereignung 117
6.3.2 Kreditarten im Firmenkreditgeschäft 118
6.3.2.1 Investitionskredit 118
6.3.2.2 Betriebsmittelkredit 119
6.3.3 Bilanzanalyse 121
6.3.4 Finanzierungsleasing 122
6.3.5 Factoring 123

Prüfungsteil A

1 Das Konto

1.1 Eröffnung von Einzelkonten

Aufgabe a)
- Teilnahme am bargeldlosen Zahlungsverkehr,
- Verringerung der Bargeldhaltung – Sicherheit
- Kostenersparnisse für den Kontoinhaber

Aufgabe b)
Sandra Braun

Aufgabe c)
Einigung über die Einrichtung des Kontos zwischen Frau Braun und der Nordbank AG und Annahme des Vertrages durch die Nordbank AG, indem sie das Konto eröffnet und Frau Braun eine Kontonummer zur Verfügung stellt.

Aufgabe d)
- Verfügungen nur über Kontoguthaben
- sorgfältige Erledigung der Kundenaufträge

Aufgabe e)
- Rechtsfähigkeit: Träger von Rechten und Pflichten
- Geschäftsfähigkeit: selbstständiger Erwerb von Rechten und Pflichten

Aufgabe f)
vgl. § 154 Abgabenordnung:
- keine Kontoeröffnung auf falschen Namen,
- Vermeidung der Steuerhinterziehung.

Aufgabe g)
Erteilung einer allgemeinen Bankvollmacht

Aufgabe h)
- Die Vollmacht ist ein einseitig verpflichtendes Rechtsgeschäft.
- Legitimation der Mutter gemäß § 154 Abgabenordnung

Aufgabe i)

Die Mutter ist zu allen Verfügungen gemäß Bankvollmacht berechtigt.

Ausnahmen sind die
- Kontolöschung,
- Kreditaufnahme,
- Beantragung von Zahlungskarten z. B. Beantragung einer Kreditkarte.

Aufgabe j)

Überprüfung, welche Person an dem Konto wirtschaftlich berechtigt ist. Es ist eine staatliche Vorschrift zur Verhinderung von Geldwäsche nach dem Geldwäschegesetz.

1.1.1 Kontoeröffnung für einen Minderjährigen

Aufgabe a)

Die Zustimmung der gesetzlichen Vertreter ist für die Wirksamkeit des Kontovertrages erforderlich.

Aufgabe b)

Beschränkt geschäftsfähig sind Personen, die über sieben Jahre und noch nicht 18 Jahre alt sind.

Rechtsgeschäfte, die dem Minderjährigen einen rechtlichen Vorteil bringen, sind auch ohne Zustimmung der gesetzlichen Vertreter rechtswirksam, z. B. ein Geldgeschenk der Tante.

Geschäftsunfähig ist
1. wer nicht das 7. Lebensjahr vollendet hat,
2. wer sich in einem die freie Willensbestimmung ausschließenden Zustand krankhafter Störung der Geistestätigkeit befindet, sofern nicht der Zustand seiner Natur nach ein vorübergehender ist.

Vgl. auch § 105 BGB (Nichtigkeit der Willenserklärung)

(1) Die Willenserklärung eines Geschäftsunfähigen ist nichtig.

Aufgabe c)

- rechtsfähig: 15. März 2007
- geschäftsfähig: 15. März 2025

Aufgabe d)

Vgl. § 151 BGB (Annahme ohne Erklärung gegenüber dem Antragenden)

Der Vertrag kommt durch die Annahme des Antrags zustande, ohne dass die Annahme dem Antragenden gegenüber erklärt zu werden braucht, wenn eine solche Erklärung nach der Verkehrssitte nicht zu erwarten ist oder der Antragende auf sie verzichtet hat. ...

Beispiele für die Annahme:

- Entgegennahme eines Betrages auf das Girokonto
- Einrichtung des Kontos und Übersendung einer Bankkarte mit PIN für Kontoverfügungen

1.1 Eröffnung von Einzelkonten

Aufgabe e)
- Legitimationsprüfung von Florian nach § 154 AO
- Legitimation der gesetzlichen Vertreter und Zustimmung der gesetzlichen Vertreter

Aufgabe f)
vgl. Angaben im Kontoeröffnungsantrag Ihrer Bank, z. B. Kontoart, Angaben zur Person des Kontoinhabers (Name, Geburtsdatum, Familienstand, Staatsangehörigkeit, Anschrift, Steueridentifikationsnummer, Beruf), Regelung der Verfügungsberechtigung, Anerkennung der AGB, wirtschaftlich Berechtigter aus der Kontoverbindung, Unterschrift des Antragstellers, ggf. Name, Anschrift und Unterschriftsproben weiterer Verfügungsberechtigter.

Aufgabe g)
- eigenes Interesse (Sorgfaltspflicht eines ordentlichen Kaufmanns)
- gesetzliche Vorschriften, z. B. Abgabenordnung, Geldwäschegesetz

1.1.2 Gemeinschaftskonto

Aufgabe a)
- Einfache Handhabung des Kontos für Eheleute, z. B. Gehaltseingänge auf ein Konto
- Übersichtliche Kontoführung für das Ehepaar

Aufgabe b)
Beide Kontoinhaber können das Gemeinschaftskonto als Oder-Konto uneingeschränkt nutzen.

Aufgabe c)
Bei Erbengemeinschaften ist ein Und-Konto zweckmäßig, da Verfügungen dann nur noch gemeinschaftlich möglich sind.

Aufgabe d)
- Kontolöschung
- Kreditaufnahme
- Erteilung von Kontovollmachten

Aufgabe e)
vgl. § 421 BGB (gesamtschuldnerisch) Jeder Kontoinhaber haftet für die gesamten Verbindlichkeiten am Gemeinschaftskonto.

Aufgabe f)
Oder-Konto: Umschreibung des Kontos auf ein Einzelkonto
Und-Konto: Umschreibung des Kontos auf ein Einzelkonto, wenn alle Erben zugestimmt haben.

Aufgabe g)
Mit einem Und-Konto sollen Einzelverfügungen verhindert werden. Deshalb können bei diesem Konto keine Bankkarten wie z. B. Kredit- oder ec-Karten ausgegeben werden.

Aufgabe h)
Niko Harms und Sandra Harms

Aufgabe i)

Datum	Betrag	Zinstage	Soll #	Haben #
21.11.	3.000,00 H	2		60
23.11.	1.250,00 S			
	1.750,00 H	12		210
05.12.	430,00 S			
05.12.	500,00 S			
	820,00 H	3		25
08.12.	2.960,00 S			
	2.140,00 S	1	21	
09.12.	1.300,00 S			
10.12.	3.440,00 S	1	34	
Zwischensumme			55	
12.12.	3.440,00 S	2	69	
12.12.	710,00 S			
	4.150,00 S	3	125	
15.12.	5.200,00 H			
31.12.	1.050,00 H	15		158
Zwischensumme			194	453

Aufgabe i1)

Sollzinsen bis 10.12.	2,52 EUR
Sollzinsen ab 10.12.	9,43 EUR
Habenzinsen	0,63 EUR
Kontoführungspauschale	10,00 EUR
Neuer Saldo	**1.028,68 EUR**

Aufgabe i2)

Sollzinsen bis 10.12.	1,91 EUR
Sollzinsen ab 10.12.	7,28 EUR
Habenzinsen	0,63 EUR
Kontoführungspauschale	10,00 EUR
Neuer Saldo	**1.031,44 EUR**

1.1.3 Betreuerkonto

Aufgabe a)
- nahe Angehörige
- ein vom Betreuungsgericht beauftragter Betreuer

Aufgabe b)
Frau Grabe-Gunia legitimiert sich mit ihrem aktuellen Lichtbildausweis. Zusätzlich legt sie einen Betreuerausweis (Bestellungsurkunde) vor. Da der Betreuerausweis keinen Gutglaubensschutz genießt (bei Beendigung der Betreuung wird er nicht von Amts wegen eingezogen) ist es sinnvoll, den wahren Sachverhalt unter Vorlage des Anordnungsbeschlusses zu prüfen.

Aufgabe c)
Gemäß Abgabenordnung sind der ausgeschriebene Vor- und Zuname, das Geburtsdatum und der Wohnsitz des Betreuers auf den Kontounterlagen festzuhalten.

Aufgabe d)
- Umfangreiche Betreuung: Der Betreuer vertritt den Betreuten in seinem Aufgabenbereich gerichtlich und außergerichtlich. Er ist der gesetzliche Vertreter des Betreuten. Im Anschluss an eine vom Vormundschaftsgericht angeordnete amtsärztliche Untersuchung kann aufgrund festgestellter körperlicher und fortgeschrittener seelischer Behinderung infolge hohen Alters für Frau Marten zunächst eine Betreuung mit dem Aufgabenkreis Vermögenssorge als ausreichend angesehen werden. Eine umfangreiche Betreuung umfasst aber auch die Vertretung bei Behörden und die Gesundheitsfürsorge.
- Spezielle Betreuung: Der Betreuer vertritt die zu betreuende Person bei einzelnen, genau bestimmten Rechtsgeschäften, z. B. Abschluss eines besonderen Kaufvertrages, Erbangelegenheiten.

Aufgabe e)
Das Betreuungsgericht bestellt eine geeignete natürliche Person, die in dem gerichtlich bestimmten Aufgabenkreis die Angelegenheiten des Betreuten zu besorgen und ihn hierbei im erforderlichen Umfang zu unterstützen hat. Nicht zum Betreuer bestellt werden dürfen Mitarbeiter der Anstalt, des Heims oder der Einrichtung, in der der Betreute untergebracht ist oder wohnt. Grundsätzlich besteht bei der Bestellung von Betreuern ein Privileg zugunsten von Angehörigen, insbesondere Ehegatten und Abkömmlingen des zu Betreuenden. Mögliche Betreuer könnten auch Nachbarn oder Freunde sowie ggf. Behörden- oder Vereinsvertreter sein.

Aufgabe f1)
Gemäß § 1807 BGB (S. 19) gelten insbesondere folgende Anlagen als mündelsicher:
- Forderungen gegen den Bund und gegen Bundesländer
- Pfandbriefe, die von der Bundesregierung für die Anlage von Mündelgeld als geeignet erklärt sind
- Spareinlagen bei einer öffentlichen Sparkasse oder bei einem anderen Kreditinstitut, das einer für die Anlage ausreichenden Sicherungseinrichtung angehört

Die Spareinlage bei der Kreissparkasse Pinneberg ist mündelsicher.

Aufgabe f2)

Gemäß §§ 1806 und 1807 BGB müssen die Investmentanteile in mündelsicheren Wertpapieren (z. B. Pfandbriefen) angelegt werden.

Über das Kontoguthaben auf dem Girokonto kann die Betreuerin uneingeschränkt im Sinne der Betreuten verfügen.

Aufgabe g)

Da es sich in diesem Fall um eine nicht befreite Betreuung handelt, wurden alle bestehenden Konten mit dem Sperrvermerk „Mündelgeld" versehen. Zusätzlich besteht eine Verfügungssperre, sodass Frau Grabe-Gunia nur mit Genehmigung des Betreuungsgerichts verfügen darf. Verfügungen über das Girokonto als Verfügungsgeldkonto sind ohne Genehmigung des Betreuungsgerichts zulässig.

Aufgabe h)

Der Betrag kann über das Verfügungsgeldkonto überwiesen werden.

Aufgabe i)

Zur Vereinfachung des Betreuerverhältnisses kann Frau Grabe-Gunia beim Betreuungsgericht die Anordnung einer allgemeinen Ermächtigung gemäß 1825 BGB beantragen. Dies hat zur Folge, dass sie von der Verpflichtung zur Einholung betreuungsgerichtlicher Genehmigungen bei Verfügungen über die Konten des Betreuten künftig befreit ist.

1.1.4 Anderkonten und Anderdepots

Aufgabe a)

Notar Jürgen Eichhorn mit dem Zusatz „Anderkonto". Zusätzlich kann der Name der wirtschaftlich Berechtigten Daniela Feldberg angegeben werden.

Aufgabe b)

Vgl. „Bedingungen für Anderkonten ..." im INFO

Dem Wunsch nach Erteilung einer Vollmacht an die Kanzleiangestellte kann nicht entsprochen werden. Eine weitere Verfügungsberechtigung über ein Notar-Anderkonto hat nur der amtlich bestellte Vertreter des Notars Eichhorn.

Aufgabe c)

Frau Feldberg wird ihren Schadensersatzanspruch nicht durchsetzen können. Gemäß den Bedingungen für Notar-Anderkonten prüft die Nordbank AG die Rechtmäßigkeit von Verfügungen des Kontoinhabers nicht. Dies gilt auch dann, wenn der Kontoinhaber Übertragungen auf sein eigenes Konto vornimmt. Auch die von Frau Feldberg verlangte Verfügungsbeschränkung wird die Nordbank AG nicht akzeptieren. Sie ist nur dem Kontoinhaber gegenüber berechtigt und verpflichtet.

Aufgabe d)

Vgl. „Bedingungen für Anderkonten ..." im INFO
- Anderkonten haften nicht für die persönlichen Verbindlichkeiten des Kontoinhabers gegenüber dem Kreditinstitut.

1.1 Eröffnung von Einzelkonten

- Zwangsvollstreckungsmaßnahmen in das Vermögen des Notars erfassen nicht Vermögenswerte auf dem Anderkonto.

Aufgabe e)

Nein, da die Nordbank AG ausschließlich mit dem Notar eine vertragliche Verpflichtung eingegangen ist.

Aufgabe f)

103.712,60 EUR

Aufgabe g1)

Verfügungsberechtigt ist der vom Landesjustizminister bestellte Notariatsverweser.

Aufgabe g2)

Steuerpflichtig ist der jeweilige Treugeber.

1.1.5 Pfändungsschutzkonto

Lernsituation 1

Aufgabe a)

Da Herr Gärtner seine Kreditlinie nur in Höhe von 2.000,00 EUR ausnutzt, kann für den Pfändungs- und Überweisungsbeschluss über 1.000,00 EUR die restliche Kreditlinie ausgenutzt werden. Es besteht in diesem Fall also kein Pfändungsschutz.

Hat der Schuldner Auszahlungsansprüche aus einer Kreditlinie, können diese unter den gleichen Voraussetzungen wie bei einem herkömmlichen Konto gepfändet werden. Pfändungsschutz besteht nur für einen Auszahlungsanspruch über Guthaben (§ 850 k ZPO). Solange ein P-Konto, etwa nach Umwandlung eines bis dahin im Debet geführten herkömmlichen Girokontos, debitorisch ist und der Geldeingang nicht zum Entstehen eines Guthabens ausreicht, greift auch der Pfändungsschutz für Guthaben nicht.

Stammt allerdings der Geldeingang aus einer Sozialleistung oder aus Kindergeld, darf die Bank innerhalb von 14 Tagen nach Gutschrift die Verfügung des Kontoinhabers darüber nicht ablehnen. Die Verrechnung mit eigenen Forderungen ist innerhalb dieser Frist nur für Kontoführungsgebühren zulässig (§ 850 k ZPO).

Aufgabe b)

- Das Konto wird i. d. R. auf Guthabenbasis geführt.
- Der Kontoinhaber hat keinen Anspruch darauf, dass ihm das P-Konto alle Leistungen seines bisherigen Girokontos bietet. Da der Pfändungsschutz (abgesehen von Kindergeld und Sozialleistungen) nur für Guthaben besteht, können debitorische Kontoführung und Leistungen, die dazu führen können (z. B. Nutzung einer Kreditkarte oder Bankcard), ausgeschlossen werden.

Aufgabe c)

Guthaben in Höhe des jeweils geltenden Grundfreibetrags gemäß § 850 c ZPO ist pfändungsfrei, bis 30.06.2025 1.499,99 EUR. Hinzu kommen ggf. Unterhaltsfreibeträge und Freibeträge in Höhe des gutgeschriebenen Kindergelds oder einmaliger Sozialleistungen. Zur korrekten

Berechnung der den gesetzlichen Grundfreibetrag übersteigenden Beträge kann die Bank den Nachweis der Pfändungsfreiheit vom Schuldner verlangen. Dazu zählen z. B. Bescheinigungen des Arbeitgebers, der Familienkasse, des Sozialleistungsträgers oder einer anerkannten Schuldnerberatungsstelle.

Der pfändungsfreie Betrag erhöht sich auf Beschluss des Vollstreckungsgerichts, wenn der Kontoinhaber nachweist, dass ihm aufgrund seiner gesetzlichen Unterhaltsverpflichtungen ein höherer Freibetrag zusteht.

Lernsituation 2

Aufgabe a)

Ja, da die Umwandlung eines Girokontos in ein P-Konto bis zu vier Wochen nach Eingang eines Pfändungs- und Überweisungsbeschlusses auch rückwirkend möglich ist.

Aufgabe b)

Herr Keller kann dann im Mai 20.. über den ermittelten monatlichen Pfändungsschutzfreibetrag verfügen.

Die Umwandlung eines Kontos in ein P-Konto kann der Kontoinhaber bis spätestens vier Wochen nach Eingang einer Pfändung mit Wirkung zum vierten auf seine Erklärung folgenden Geschäftstag verlangen.

Beispiel: Geht die Pfändung am 10. August ein, kann der Kontoinhaber die Umwandlung bis zum 7. September verlangen. Verlangt er sie z. B. am 16. August, tritt die Wirkung am Beginn des 20. August ein. Das Konto gilt dann auch schon für die zuvor eingegangene Pfändung als P-Konto.

1.2 Rahmenbedingungen bei der Kontoeröffnung

1.2.1 SCHUFA

Aufgabe a)

Vgl. INFO

Grund: Datenabfrage und Datenweitergabe mit Datenspeicherung nur mit Zustimmung des Kontoinhabers

Aufgabe b)

Vgl. „Zweck der SCHUFA" im INFO

- Datensammlung
- Datensicherung
- Datenweitergabe an Berechtigte

Aufgabe c)

Vgl. „SCHUFA-Merkmale" im INFO

Beispiele:

- Kontoeröffnung und Kontoschließung

1.2 Rahmenbedingungen bei der Kontoeröffnung

- Positive Merkmale, z. B. ordnungsgemäße Rückzahlung eines Kredits
- Negative Merkmale, z. B. Scheckkartenmissbrauch

Aufgabe d)

Der Score (Punktwert) stellt eine Prognose über das künftige Verhalten von Personengruppen dar, die auf der Grundlage von statistisch-mathematischen Analyseverfahren berechnet wird. Es handelt sich nicht um die Bewertung der Bonität eines konkreten Kunden, sondern um die Einschätzung der Kreditwürdigkeit einer Gruppe, der dieser Kunde angehört. Dieser Score variiert je nach angefragtem Unternehmen. Deswegen kann es bei unterschiedlichen Vertragspartnern auch unterschiedliche Scores geben. Hierbei wird unterschieden in den drei Gruppen:

- Banken-, Leasing- und Kreditkartenunternehmen,
- Handelsunternehmen,
- Telekommunikationsunternehmen.

Der Score, gemessen in Werten zwischen 0 (schlechtester Wert) und 1.000 (bester Wert), soll also das durchschnittliche Risiko aller Personen mit gleichem Datenprofil charakterisieren. Er wird ergänzt um einen Prozentsatz, der angibt, wie hoch die Wahrscheinlichkeit einer Störung bei Kunden mit diesem Datenprofil ist.

Mit einem (miserablen) *Schufa*-Scoring von 130 landet man bei einer Bankanfrage in Ratingstufe "K", eine Telefongesellschaft würde den Betroffenen in Stufe "H" einordnen. Jeder Ratingstufe wiederum entspricht ein branchenspezifisches statistisches Risiko: Wird dem Kreditsachbearbeiter der Bank auf seine *Schufa*-Anfrage hin der Score-Wert 130 = Ratingstufe "K" rückgemeldet, dann müsste er damit rechnen, dass es bei einer Darlehensvergabe mit einer Wahrscheinlichkeit von 20 Prozent zu einer "Vertragsstörung" kommt, d. h. in einem von fünf Fällen droht ein Zahlungsausfall.

Das Score-Ergebnis wird nicht im SCHUFA-Datenbestand gespeichert und ist deshalb auch nicht Inhalt der Eigenauskunft an den Betroffenen. Man kann ihn sich allerdings bei der SCHUFA zusätzlich errechnen lassen. Die SCHUFA ist allerdings nicht bereit, die Berechnung des Scores zu veröffentlichen, da sie hierdurch Risiken für die Aussagekraft des Scores sieht. Denn "kriminelle" Subjekte könnten dann ihren Score zu ihren Gunsten beeinflussen.

Aufgabe e)

Beispiele für Merkmale, die im Score berücksichtigt sein könnten:

- Negativmerkmale: Hat der Betroffene eine eidesstattliche Versicherung abgelegt oder wurde ihm eine Haftandrohung ausgesprochen, so wirkt dies äußerst negativ auf seinen Score. Auch das vom einem Mobilfunkbetreiber gemeldete "Nichtbezahlen einer Rechnung" wirkt negativ auf den Score. Gleiches gilt für überzogene Girokonten, vergessene Ratenzahlungen etc.
- Wohnsitzwechsel: Ein häufiger Wohnsitzwechsel wirkt wegen der "fehlenden" Stetigkeit negativ, ein seltener Wechsel positiv.

1.2.2 Allgemeine Geschäftsbedingungen (AGB)

Aufgabe a)

Vgl. INFO

Rationalitätsprinzip: Der Grund für die Verwendung solcher AGB besteht darin, dass die Vorschriften des BGB über die einzelnen Vertragstypen die Interessen der Vertragsschließenden nur recht allgemein berücksichtigt.

Aufgabe b)

- Der Kunde kann sich darauf verlassen, dass die Bank seine Aufträge mit angemessener Sorgfalt ausführt und das Bankgeheimnis wahrt.
- Es sind vorformulierte Vertragsbedingungen, die für Rechtssicherheit für beide Vertragspartner sorgen.
- Sie regeln allgemeine Rechte und Pflichten der Kunden und der Bank und sorgen damit dafür, dass die Geschäftsfälle weitgehend einheitlich und dadurch schnell und kostensparend abgewickelt werden können

Aufgabe c)

Vgl. AGB der Banken und Sparkassen im INFO
- eindeutige Auftragserteilung der Bank erteilten Aufträge, z. B. SEPA-Überweisungsauftrag
- Änderungen von Name, Anschrift oder einer gegenüber der Bank erteilten Vertretungsmacht

Aufgabe d)

Sechs Wochen nach Rechnungsabschluss, vgl. Ziffer 7 der AGB

Aufgabe e)

Herr Ehring kann auch nach Fristablauf eine Berichtigung des Rechnungsabschlusses verlangen, muss dann aber beweisen, dass sein Konto zu Unrecht belastet wurde (vgl. AGB Ziffer 7.(2)).

Aufgabe f)

Vgl. Ziffer 20 der AGB: 20. Einlagensicherungsfonds

(1) (Schutzumfang) Die Bank ist dem Einlagensicherungsfonds des Bundesverbandes deutscher Banken e.V. angeschlossen. Der Einlagensicherungsfonds sichert alle Verbindlichkeiten, die in der Bilanzposition „Verbindlichkeiten gegenüber Kunden" auszuweisen sind. Hierzu zählen Sicht-, Termin- und Spareinlagen einschließlich der auf den Namen lautenden Sparbriefe. Die Sicherungsgrenze je Gläubiger beträgt 15 % des für die Einlagensicherung jeweils maßgeblichen haftenden Eigenkapitals der Bank.

1.2.3 Maßnahmen zur Verhinderung von Geldwäsche

Lernsituation 1

Sie führen keine weitere Identifizierung gemäß Geldwäschegesetz durch, sondern notieren den Namen von Herrn Beckmann und „persönlich bekannt" sowie „bereits identifiziert" als

1.2 Rahmenbedingungen bei der Kontoeröffnung

Vermerke auf dem Einzahlungsbeleg. Nach § 11 Abs. 2 GwG ist eine Identifizierung nicht mehr notwendig, wenn sich der Kunde bereits bei früherer Gelegenheit, z. B. Kontoeröffnung legitimiert hat und die erhobenen Angaben aufgezeichnet wurden.

Lernsituation 2

Vgl. § 2 Geldwäschegesetz (Allgemeine Identifizierungspflichten für Institute)

Aufgabe a)

Ein Institut hat bei Annahme von Bargeld, Wertpapieren ... oder Edelmetallen im Wert von 15.000 Euro oder mehr zuvor denjenigen zu identifizieren, der ihm gegenüber auftritt.

Aufgabe b)

Der wirtschaftlich Berechtigte ist der Sohn, denn diesem gehören die Gelder. Der Anwalt ist lediglich Empfänger der Zahlung. Der Sohn schickt die Mutter vor, da er selbst nicht in Erscheinung treten will. Die Mutter übt deshalb ein Strohmanngeschäft aus, weil sie nicht für sich selbst tätig wird. Der Vorgang müsste dem Geldwäschebeauftragten gemeldet werden und wird zu einer Anzeige führen.

Aufgabe c)

Vgl. „Geldwäsche" im INFO

- Verhinderung von illegal erworbenen Geldern in den legalen Wirtschaftskreislauf
- Terrorismusbekämpfung

Aufgabe d)

Vgl. § 3 des Geldwäschegesetzes:

- Kreditinstitute
- Versicherungsunternehmen
- Spielbanken
- Rechtsanwälte u. a. m.

Aufgabe e)

Vgl. § 11 Abs. 3 und 4 GwG im INFO

Bei natürlichen Personen: Name, Geburtsort, Geburtsdatum, Staatsangehörigkeit und Anschrift (Personalausweis, Reisepass)

Bei juristischen Personen und Personengesellschaften: Firma, Rechtsform, Registernummer, Anschrift und Namen der Mitglieder des Vertretungsorgans (z. B. Vorstand einer AG)Die Identifizierung erfolgt durch Vorlage eines Auszuges aus dem Handels- oder Genossenschaftsregister und der amtlichen Ausweise der Vertretungsberechtigten.

Meldung an den Geldwäschebeauftragten

Aufgabe f)

Vgl. § 2 Abs. 3 GwG: Absatz 1 gilt auch, wenn das Institut mehrere Finanztransaktionen im Sinne des Absatzes 2 durchführt, die zusammen einen Betrag im Wert von 15.000 Euro oder mehr ausmachen, sofern tatsächliche Anhaltspunkte dafür vorliegen, dass zwischen ihnen eine Verbindung besteht.

Aufgabe g)

Vgl. §§ 3 und 11 GwG (Feststellung der Identität des wirtschaftlich Berechtigten): Ein ... zur Identifizierung Verpflichteter hat sich bei dem zu Identifizierenden zu erkundigen, ob dieser für eigene Rechnung handelt. Zum wirtschaftlich Berechtigten werden folgende Daten erfasst:

- Vor- und Nachname
- Geburtsdatum
- Wohnort
- Art und Umfang des wirtschaftlichen Interesses
- Behörden, z. B. BaFin, Zentralstelle für Finanztransaktionsuntersuchungen, Strafverfolgungsbehörden, Bundeszentralamt für Steuern können die Daten zur Erfüllung ihrer gesetzlichen Aufgaben abrufen.
- Gibt der zu Identifizierende an, nicht für eigene Rechnung zu handeln, so hat der zur Identifizierung Verpflichtete nach dessen Angaben Namen und Anschrift desjenigen festzustellen, für dessen Rechnung dieser handelt. ...

Aufgabe h)

- Vgl. „Ausnahmen" im INFO
- Einzahlungen auf das eigene Konto
- Auftrag eines Scheckeinzugs und Gutschrift auf das eigene Konto
- Nutzung des Nachttresors

Nach § 11 Abs. 2 GwG ist eine Identifizierung nicht mehr notwendig, wenn sich der Kunde bereits bei früherer Gelegenheit, z. B. Kontoeröffnung legitimiert hat und die erhobenen Angaben aufgezeichnet wurden.

Aufgabe i)

Vgl. „Anzeige von Verdachtsfällen" im INFO

- Meldung der verdächtigen Transaktion an den Geldwäschebeauftragten

Aufgabe j)

Vgl. „Anzeige von Verdachtsfällen" im INFO

- Alle Transaktionen und Geschäftsbeziehungen, die auf Geldwäsche oder Terrorismusfinanzierung hindeuten, muss das Kreditinstitut bzw. der zuständige Geldwäschebeauftragter unverzüglich der Zentralstelle für Finanztransaktionsuntersuchungen (FIU) melden (§ 43 GwG). Bei einem Verdacht auf Geldwäsche darf eine angetragene Transaktion nur mit Zustimmung der FIU bzw. Staatsanwaltschaft ausgeführt werden oder wenn der dritte Werktag nach dem Tag der Anzeige verstrichen ist, ohne dass die Durchführung der Transaktion von der Staatsanwaltschaft oder von der FIU untersagt wurde (Anhaltefrist).

Aufgabe k)

- Bestellung eines Geldwäschebeauftragten
- Aufzeichnungs- und Aufbewahrungspflichten nach § 9 GwG
- Einrichtung von internen Sicherungsmaßnahmen, z. B. Entwicklung interner Grundsätze
- Verfahren und Kontrollen zur Verhinderung von Geldwäsche

1.3 Verfügungen über Konten

- Kreditinstitute müssen über angemessene Geschäfts- und kundenbezogene Sicherungsmaßnahmen und Kontrollen verfügen, die der Verhinderung von Geldwäsche oder sonstigen strafbaren Handlungen, die zu einer Gefährdung des Vermögens des Instituts führen können, dienen (§ 6 GwG). Die Datenverarbeitungssysteme sollen in der Lage sein, verdächtige Transaktionen und Geschäftsbeziehungen auf der Grundlage des verfügbaren Erfahrungswissens zu erkennen.
- Es ist ein Geldwäschebeauftragter und ein Stellvertreter zu bestellen, die unmittelbar der Geschäftsleitung unterstellt und Ansprechpartner für die Mitarbeiter des Institutes und der Strafverfolgungsbehörden sind. Der Geldwäschebeauftragte ist für die Umsetzung und Überwachung der Vorschriften des GwG im Kreditinstitut zuständig. Er muss prüfen, ob das Kreditinstitut dem Risiko entsprechende Anweisungen und interne Grundsätze erlassen hat und ob diese umgesetzt und aktualisiert werden (§ 6 und § 7 GwG).
- Zur laufenden Überwachung von Kunden und Transaktionen dienen das Monitoring und das Konten-Screening.
- - Unter Monitoring versteht man die gezielte Überwachung von Kunden, die aufgrund ihres Verhaltens oder durch bestimmte Transaktionen auffällig geworden sind.
- - Beim Konten-Screening sollen durch eine Art Rasterfahndung verdächtige Transaktionen entdeckt werden. Auf der Grundlage des Kundenprofils wird geprüft, ob es auffällige Kontobewegungen gegeben hat.

1.3 Verfügungen über Konten

1.3.1 Verfügungen im Todesfall

Aufgabe a)

Vgl. INFO

- Umstellung der Konten auf Nachlasskonten
- Sperre der Kreditkarte
- Sperre der Amexcocard
- Meldung an das Finanzamt
- Information von Franziska Nottebaum über die Verfügung zu ihren Gunsten
- Streichung des Freibetrages

Aufgabe b1)

Vgl. „Beerdigungskosten" im INFO

Ja, die Begleichung der Bestattungskosten kann aus dem Nachlass geschehen, da die Erben die Pflicht haben, für eine angemessene Bestattung zu sorgen. Sollte die Rechnung nicht von der Erbengemeinschaft vorgelegt werden, empfiehlt es sich, vom Auftraggeber der Zahlung eine Haftungserklärung hereinzunehmen.

Aufgabe b2)

Vgl. „Bankrechtliche Legitimation" im INFO

Nein, die Überweisungen hätten nur von allen Erben gemeinsam oder von der Bevollmächtigten Irina Deckel getätigt werden dürfen.

Aufgabe b3)

Ja, die Kreditkartenverfügungen sind noch dem Verstorbenen zuzuschreiben, daher müssen die Erben die Belastung des Kontos hinnehmen.

Aufgabe b4)

Ja, Irina Deckel hat eine gültige Vollmacht über den Tod hinaus.

Aufgabe c)

02.10.20..

Aufgabe d)

Girokonto	11.917,17 EUR
Sparguthaben Konto 887370021	34.187,00 EUR
Zinsen für 239 Tage (bis zum 27.08. einschließlich, der Todestag wird nicht mitgezählt)	56,74 EUR
Sparguthaben Konto 887370022	13.438,00 EUR
Zinsen für 239 Tage	22,30 EUR
Verfügung zu Gunsten Franziska Nottebaum (Angabe der Anschrift von F. Nottebaum)	
980 Stück Aixtron Aktien, Kurs 5,91 EUR	5.791,80 EUR
3,375 % Pfandbriefe, Nennwert 25.000,00 EUR, Kurs 101,05 %	25.262,50 EUR
Zinsen für 64 Tage (25.06. einschl. bis 27.08. einschl.), act./act.	147,95 EUR
Schließfach Nr. 1457 vorhanden	

Aufgabe e)

Wenn Frau Nottebaum bereits das in der Verfügung zu Gunsten Dritter bestehende Schenkungsangebot angenommen hat, ist sie Gläubigerin der Forderung geworden und kann die Auflösung und Auszahlung des Kontos verlangen. Wenn sie erst durch die nach dem Tode von Ernst Deckel erfolgte Mitteilung der Bank von der Zuwendung erfahren hat, wird sie ebenfalls Gläubigerin, sofern sie die Schenkung annimmt.

Aufgabe f)

Nein, Verfügungen können nur durch die Erbengemeinschaft oder Bevollmächtigte getätigt werden.

Aufgabe g)

Hanno Deckel kann die Vollmacht für sich wirksam widerrufen. Er muss dann Verfügungen von Irina Deckel nicht hinnehmen. Irina Deckel bleibt allerdings Bevollmächtigte der anderen Mitglieder der Erbengemeinschaft. Sie kann nur noch zusammen mit Hanno Deckel verfügen.

1.3 Verfügungen über Konten 15

1.3.2 Online-Banking

Aufgabe a)
- Beachtung besonderer Sicherungseinrichtungen, z. B. PIN-TAN-Verfahren: Einloggen in das Konto durch Eingabe eines Benutzernamens und einer PIN sowie Eingabe einer auf das Handy überspielten ermittelten photoTAN oder smsTAN. Bei einer Transaktion Eingabe einer elektronisch übermittelten TAN z. B. photoTAN oder smsTAN zw. Code
- Bei Verwendung des HBCI-Verfahrens muss der Nutzer eine elektronische Signatur unter Verwendung spezieller Software leisten und ggf. ein Chipkartenlesegerät einsetzen.
- Vereinbarungen zwischen Kunde und Bank für die Nutzung des Online-Bankings müssen beide Vertragspartner schließen.

Vorteil: Bankgeschäfte kann der Kunde schnell und kostengünstig am PC erledigen.

Aufgabe b)
Vgl. INFO
PhotoTAN-Verfahren
Zur Nutzung der photoTAN benötigt der Kunde die passende Smartphone-App von seiner Bank oder ein spezielles Lesegerät.
Ist die App oder das Lesegerät eingerichtet und möchte der Kunde auf seinem Computer eine Überweisung tätigen, wählt er zur Generierung der TAN die photoTAN aus.
Am Computer wird dem Kunden nun ein Bild-Code angezeigt, dieser ähnelt einem QR-Code. Der Kunde Scannt das Bild mit dem Smartphone oder Lesegerät ein und es wird die TAN generiert.
Die generierte TAN wird anschließend auf dem Computer eingegeben oder automatisch eingelesen, um die Überweisung zu legitimieren.

Aufgabe c)
Vgl. INFO
- Eingabe einer elektronischen Bestätigung auf dem Handy oder PC
- Eingabe einer auf das Handy überspielten Sicherungsnummer zur Bestätigung des Auftrags

Aufgabe d)
Haftung:
Vor der Sperranzeige haftet der Kunde bei nicht autorisierten Zahlungsvorgängen unbeschränkt für den Schaden, wenn er seine Sorgfaltspflichten grob fahrlässig verletzt hat.
Nach der Sperranzeige haftet der Kunde nicht mehr für den Schaden.

Aufgabe e)
Echtzeitüberweisung siehe INFO

Aufgabe f)
- Kostenersparnisse bei der Bank, da der Zahlungsverkehr vom Kunden zu Hause beleglos abgewickelt wird.
- Das Bankpersonal kann verstärkt für Beratungsleistungen eingesetzt werden.

1.3.3 Ombudsmann des privaten Bankgewerbes
Die Fragen werden direkt im Text beantwortet.

1.4 Eröffnung von Firmenkonten bei unterschiedlichen Rechtsformen

Aufgabe a)
Vgl. § 48 HGB im INFO
Der Vorstand einer AG oder die Geschäftsführung bei der GmbH

Aufgabe b)
Erteilung mittels ausdrücklicher Erklärung am 27.11.20.., vgl. § 48 Abs. 1 HGB im INFO

Aufgabe c)
Vgl. „Umfang" in den Übersichten „Prokura" und „Handlungsvollmacht" sowie § 49 und § 54 HGB.
- Prokurist: alle gerichtlichen und außergerichtlichen Geschäfte, keine Grundstückskäufe, keine Prokuristenernennung, keine Ernennung einer Handlungsvollmacht;
- Handlungsbevollmächtigter: nur gewöhnliche Geschäfte, z. B. Saldenanerkennung

Aufgabe d)
Eintragung der Gesamtprokuristen ins Handelsregister, vgl. § 53 HGB

Aufgabe e)
Vgl. „Erlöschen" in den Übersichten „Prokura" und „Handlungsvollmacht"
Durch Widerruf, zusätzlich ist die Eintragung ins Handelsregister erforderlich.

1.4.1 Kontoeröffnung für eine offene Handelsgesellschaft

Aufgabe a)
- Klaus Kramer, einzelvertretungsberechtigt
- Irmgard Isenau, einzelvertretungsberechtigt
- Olaf Ansorge, gemeinsam mit einem einzelvertretungsberechtigten Gesellschafter

Aufgabe b)
Nein, die Firma kann nach dem Handelsregisterauszug in der Kontobezeichnung nur „Kramer Delikatess OHG" heißen.

Aufgabe c)
- Aktueller amtlicher Lichtbildausweis zur persönlichen Legitimation
- Wenn der Kunde persönlich bekannt ist, kann auf die Legitimationsprüfung verzichtet werden.

1.4 Eröffnung von Firmenkonten bei unterschiedlichen Rechtsformen

Aufgabe d)

Nach den AGB hat der Kontoinhaber eine Mitwirkungspflicht. Hiernach sind dem Kreditinstitut Änderungen der Vertretungsbefugnisse anzuzeigen. Den Schaden trägt die Kramer OHG.

Aufgabe e)

vgl. auch INFO „Scheckeinlösung im imagegestützten Scheckeinzugsverfahren"

- Stornierung der Belastungsbuchung binnen zwei Bankarbeitstagen
- Provisionsanspruch an die erste Inkassostelle maximal 5,00 EUR
- Beleglose Rückrechnung spätestens an dem auf den Eingangstag der Scheckdaten folgenden Bankarbeitstag
- Benachrichtigung des Ausstellers
- Vorlegungsvermerk von der 1. Inkassostelle im Auftrag der bezogenen Bank

Nichteinlösung von Schecks im BSE-Verfahren:

- Ein Scheckprozess ist nicht möglich, da der Scheck dem bezogenen Kreditinstitut nur als elektronischer Datensatz und nicht als Urkunde vorliegt.
- Die 1. Inkassostelle haftet für Schäden, die dem Scheckeinreicher ggf. deswegen entstehen.

Nichteinlösung von Schecks im ISE-Verfahren:

Ein Scheckprozess (Urkundenprozess) ist unter folgenden Voraussetzungen möglich:

- fristgerechte Vorlage
- Vorlage des Originalschecks
- Nichteinlösungserklärung der Bundesbank als Abrechnungsstelle
- Eilnachricht an die 1. Inkassostelle bis spätestens 14:30 Uhr an dem auf den Eingangstag folgenden Bankarbeitstag (z. B. per E-Mail)

1.4.2 Kontoeröffnung für eine Kommanditgesellschaft

Aufgabe a)

Der persönlich haftende Gesellschafter Joachim Horst Ernst Stapelfeldt

Aufgabe b)

Nein, die Firma ist umbenannt worden. Der neue Firmennamen kann als Kontobezeichnung gewählt werden: Stapelfeldt Container-Transport KG

Aufgabe c)

Vgl. INFO

- Kommanditisten haften nur mit ihrer Einlage.
- Prokuristen haften nicht.
- Persönlich haftende Gesellschafter haften mit ihrem gesamten Vermögen für die Verbindlichkeiten der Gesellschaft.

1.4.3 Kontoeröffnung für eine GmbH

Lernsituation 1

Aufgabe a)

Die Legitimationsprüfung
- erhöht die Rechtssicherheit, da sich die Nordbank AG Gewissheit über ihre Kundin verschafft (entspricht der Sorgfaltspflicht).
- dient der Feststellung der Rechtsfähigkeit.
- dient der Feststellung der Geschäftsfähigkeit.
- ist nach dem Geldwäschegesetz (Feststellung des wirtschaftlich Berechtigten) und laut Abgabenordnung (Vermeidung der Steuerhinterziehung) gesetzlich vorgeschrieben (§ 154 AO).

Aufgabe b)

Verpflichtung aufgrund des Geldwäschegesetzes, vgl. § 8 Abs. 1 GwG (Feststellung der Identität des wirtschaftlich Berechtigten): Ein ... zur Identifizierung Verpflichteter hat sich bei dem zu Identifizierenden zu erkundigen, ob dieser für eigene Rechnung handelt. Gibt der zu Identifizierende an, nicht für eigene Rechnung zu handeln, so hat der zur Identifizierung Verpflichtete nach dessen Angaben Namen und Anschrift desjenigen festzustellen, für dessen Rechnung dieser handelt. ...

Aufgabe c)
- Wenn auf das Konto der Kora GmbH nur eigene Mittel der Gesellschaft eingezahlt werden sollen, handelt die GmbH, vertreten durch Frau Herrmann als Geschäftsführerin, für eigene Rechnung.
- Wenn auf das Konto der Fischer Spielwaren GmbH nur Mittel im Auftrag und für Rechnung eines Dritten eingezahlt werden, handelt sie für fremde Rechnung.

Aufgabe d)

Vertretungsberechtigter	Vertretungsberechtigung „E" bei Einzelvertretungsberechtigung „G" bei gemeinschaftlicher Vertretungsberechtigung mit einer anderen Person
Claudia Herrmann	E
Nadine Nassar	G
Florian Brinkhaus	G
Klaus Harke	G
Rainer Schürmann	G

Aufgabe e)
- Herr Harke (Prokurist) darf alle gewöhnlichen Geschäfte (z. B. Verfügungen über Kontoguthaben, Erteilung von Inkassoaufträgen, Entgegennahme und Anerkennung von Abrechnungen, Kontoauszügen) und außergewöhnlichen Geschäfte - insbesondere Aufnahme von

1.4 Eröffnung von Firmenkonten bei unterschiedlichen Rechtsformen

Darlehen, Bestellung von Sicherheiten (mit Ausnahme von Grundpfandrechten) – tätigen, allerdings nur mit einem Geschäftsführer gemeinsam.
- Herr Schürmann darf nur die gewöhnlichen Geschäfte s. o. tätigen, allerdings auch nur gemeinsam mit dem Gesamtprokuristen Harke.

Lernsituation 2

Aufgabe a)
Florian **und Ernst-Otto** Teichmann
Begründung: Als Geschäftsführer vertreten sie die Pfeifen Tesch GmbH gemeinschaftlich

Aufgabe b)
- Aktueller Handelsregisterauszug der Pfeifen Tesch GmbH
- Gültige amtliche Lichtbildausweise von Florian und Ernst-Otto Teichmann

Aufgabe c)
Aktueller Handelsregisterauszug:
- Rechtsfähigkeit der Pfeifen Tesch GmbH
- Vertretungsberechtigte Personen der Pfeifen Tesch GmbH
- Art der Vertretungsberechtigung der Geschäftsführer

Gültige amtliche Lichtbildausweise von Florian und Ernst-Otto Teichmann
- Identität von Florian und Ernst-Otto Teichmann

Pfeifen Tesch GmbH
Begründung: Die Kontobezeichnung muss der Firma gemäß Handelsregistereintrag entsprechen.

Aufgabe d)
- Da das Bezahlen für die Kunden komfortabel ist und Raum für spontane Kaufentscheidungen schafft, kann es zu Umsatzsteigerungen kommen.
- Der Zahlungsverkehr und die Administration des Kassenbestands werden rationalisiert.
- Das Beraubungsrisiko wird sinken, da die Bargeld-Kassenbestände niedriger sind.

Aufgabe e)
- Da der Bargeldbestand geringer ausfällt, werden in diesem Zusammenhang auch die Versicherungsbeiträge niedriger sein.
- Durch die Nutzung des Kartenlesegerätes kann der Zahlungsvorgang beschleunigt werden, z. B. durch das „girogo-Verfahren".
- Durch die Nutzung des Kartenlesegerätes kann das Beraubungsrisiko vermindert werden.

Aufgabe f)
- Da das Zählen des Geldes die Maschine übernimmt, wird sich der Personaleinsatz reduzieren.
- Da die Geldbeträge früher eingezahlt werden, erfolgt ggf. auch eine frühere Wertstellung der Einzahlungen.

1.4.4 Kontoeröffnung für eine AG

Aufgabe a)

Vertretungsberechtigter:	Vertretungsberechtigung: „E" bei Einzelvertretungsberechtigung „G" bei gemeinschaftlicher Vertretungsberechtigung mit einer anderen Person „N" wenn keine Vertretungsberechtigung vorliegt
Kai Wünsche	E
Wolf-Jürgen Wünsche	E
Ingo Petersen	G
Ralf Schmalriede	G
Werner Drognitz	G
Hartmuth K. Langer	G

Aufgabe b)

150 Mio. EUR

Aufgabe c)

25. Mai 1989

1.4.5 Kontoeröffnung für eine Partnerschaft

Aufgabe a)

Vgl. Auszug aus dem Partnerschaftsregister

Dr. Ehlers, Gruttke, Dr. Volkmann und Partner Wirtschaftsprüfungsgesellschaft – Steuerberatungsgesellschaft – Notariat

Aufgabe b)

Vgl. INFO
- Dr. Hans-Uwe Ehlers
- Fritz Gruttke
- Dr. Bernd Volkmann
- Udo Ehlers

Alle vier Personen können die Partnerschaft einzeln vertreten.

Aufgabe c)

Vgl. INFO

Das HGB schreibt vor, dass nur im Handelsgewerbe Prokuristen ernannt werden dürfen.

Aufgabe d)

Vgl. INFO

1.4 Eröffnung von Firmenkonten bei unterschiedlichen Rechtsformen

- Auflösung der Partnerschaft
- Aufnahme weiterer Partner
- Änderungen des Partnerschaftsvertrages

1.4.6 Kontoeröffnung für einen Verein

Aufgabe a)

Vgl. Auszug aus dem Vereinsregister

„Verband der Tierambulanzen e.V."

Aufgabe b)

Vgl. Auszug aus dem Vereinsregister

Möglich, da Dr. Oetjen als Vertreter allein vertretungsberechtigt ist.

Aufgabe c)

Vgl. Auszug aus dem Vereinsregister
- Thomas Thiede ist alleine verfügungsberechtigt.
- Dr. Oetjen ist bis 3.000,00 EUR allein verfügungsberechtigt.
- Verfügungen über 3.000,00 EUR nur zusammen mit dem nächsten Stellvertreter

Aufgabe d)

Vgl. Auszug aus dem Vereinsregister

8. Januar 1997

Aufgabe e)

Vgl. „Der nicht rechtsfähige Verein" im INFO

Der erste Vorsitzende allein, ebenso die Stellvertreter

Aufgabe f)

Herr Dr. Oetjen müsste neben der persönlichen Legitimation Satzung und Protokolle der Mitgliederversammlung vorlegen.

1.4.7 Bankgeheimnis und Bankauskunft

Lernsituation 1

Vgl. AGB im INFO
- Eine Bankauskunft ist zulässig, da Auskunft über eine juristische Person, vgl. AGB Ziffer Abs. 2 und 3 sowie Absatz 4.
- Art der Bankauskunft: Allgemein gehaltene Feststellung über die Kreditwürdigkeit und Zahlungsfähigkeit der GmbH

Lernsituation 2

Aufgabe a)

Vgl. AGB im INFO

Voraussetzungen:

- Schriftliche Anfragen nur in Ausnahmefällen fernschriftlich oder fernmündlich
- Der Anfragegrund muss glaubhaft gemacht werden.
- Klarstellung durch das anfragende Kreditinstitut, ob die Bankauskunft für eigenes Interesse oder für Kundeninteresse eingeholt wird. Z.B. ein BMW-Händler will von der Südbank AG wissen, ob der Verrechnungsscheck über 40.000,00 EUR wegen eines Autokaufs eines Kunden in Ordnung gehe.

Aufgabe b)

Vgl. AGB im INFO

Bankauskunft ohne Zustimmung des Kontoinhabers möglich, wenn keine anderslautende Weisung des Kunden vorliegt. Voraussetzungen wie in a)

Aufgabe c)

- Erbschaftssteuermeldung im Todesfall des Kontoinhabers
- Steuerermittlungsverfahren bzw. Steuerstrafverfahren mit richterlicher Anordnung
- Eltern verlangen Auskünfte über das Konto ihres minderjährigen Kindes.
- Meldung des Freibetrages an das Bundeszentralamt für Steuern
- Auskünfte an Behörden, z. B. Bundesagentur für Arbeit, Familienkassen, BAFöG-Stellen. Kreditinstitute sind verpflichtet, den Sozialbehörden (z. B Arbeitsagentur, Sozialämter, BAföG-Stellen, Familienkassen) auf Anforderung Auskünfte über das Einkommen und Vermögen von Antragstellern und Leistungsbeziehern zu erteilen (§ 60 Abs. 2 SGB II). Die Sozialbehörden dürfen zudem beim Bundeszentralamt für Steuern eine Online-Kontoabfrage zu den Kontostammdaten anfordern und auch die Daten der Freistellungsaufträge prüfen.
- Meldevorschriften über Millionenkredite und Auslandsüberweisungen über 12.500,00 EUR an die Deutsche Bundesbank

Lernsituation 3

Aufgabe a)

- Wirtschaftliche Verhältnisse von Frau Weber
- Ihre Kreditwürdigkeit
- Ihre Zahlungsfähigkeit

Aufgabe b)

- Eigene Kunden
- Andere Kreditinstitute

Aufgabe c)

- Ausdrückliche Einwilligung durch Frau Weber
- Glaubhafte Darlegung eines berechtigten Interesses durch den Anfragenden
- Kein Entgegenstehen von schutzwürdigen Belangen des Kunden

Lernsituation 4

Aufgabe a)

Keine Weitergabe dieser Vermutung an andere Bankkunden

Aufgabe b)

Bedeutung für Bank: Die Bank ist zur Verschwiegenheit über alle kundenbezogenen Tatsachen und Wertungen verpflichtet, von denen sie Kenntnis erlangt. Bei Zuwiderhandlung muss die Unionbank AG mit Schadensersatzansprüchen des Geschädigten rechnen, vgl. AGB Ziffer 3 Abs. 1 Haftungsgrundsätze: „Die Bank haftet bei der Erfüllung ihrer Verpflichtungen für jedes Verschulden ihrer Mitarbeiter …"

Lernsituation 5

Aufgabe a1)

Vgl. „Bankauskunftsverfahren" im INFO

Bankauskunft zu Unternehmen möglich

Aufgabe a2)

Auskunftserteilung im INFO

Nur mit Zustimmung des Kontoinhabers

Aufgabe a3)

Vgl. AGB im INFO

Da Krampert Privatkunde ist, bedarf die Bankauskunft der Zustimmung des Privatkunden.

Aufgabe b)

Vgl. AGB im INFO

Da eine ausdrückliche Weisung vorliegt, ist eine Bankauskunft über die LBI GmbH nicht möglich, z. B. „Eine Bankauskunft über die LBI Immobilien GmbH kann nicht erteilt werden."

Aufgabe c)

Vgl. „Anzeigepflichten nach Erbschaftsteuergesetz" im INFO

Auskünfte über Nachlasskonten auch an einzelne Erben sind zulässig.

2 Zahlungsformen

2.1 Kassengeschäfte

Aufgabe a)

Münzrolle/Stückzahl	Euromünze	Summe
50	0,01	0,50 EUR
50	0,02	1,00 EUR
50	0,05	2,50 EUR
40	0,10	4,00 EUR
40	0,20	8,00 EUR
40	0,50	20,00 EUR
25	1,00	25,00 EUR
25	2,00	50,00 EUR
	Summe	**111,00 EUR**

Aufgabe b)
- gefälschte Banknote anhalten
- dem Vorleger eine Empfangsbescheinigung aushändigen
- Bericht an die Polizei
- Meldung an die Bundesbank

Aufgabe c)
- verdächtiges Falschgeld an die Bundesbank schicken
- Feststellung als Falschgeld, dann Bericht und Zusendung an die Polizei
- Meldung an das anhaltende Kreditinstitut

Aufgabe d)

Im Regelfall werden auf irgendeine Weise zerstörte Banknoten von der Deutschen Bundesbank kostenlos ersetzt. Oft kommt es vor, dass Geldscheine versehentlich in die Waschmaschine und den Trockner gelangen, zerrissen werden oder verkleben. Diese Missgeschicke machen die Banknoten nicht zwingend wertlos. Meistens können die Geldscheine bei der Bank vor Ort eingetauscht werden, wenn diese nur leichte Beschädigungen aufweisen.

Bei gravierenden Beschädigungen kann jedoch nur die Deutsche Bundesbank einen kostenlosen Umtausch vornehmen. Dafür muss der Eigentümer mehr als die Hälfte des jeweiligen Geldscheins einreichen. Ist dies nicht möglich, muss der Eigentümer nachweisen, dass über die Hälfte des Geldscheins vernichtet wurde. Zur Einreichung bei der Deutschen Bundesbank

2.2 Zahlung mittels Überweisung

Lernsituation 1

11.11.20.. Freitag

Lernsituation 2

Spätestens einen Tag nach Eingabe der Überweisung am SB-Terminal

Lernsituation 3

Aufgabe a)

I: Eingang der Überweisung bei der Bank des Zahlungspflichtigen

II: Prüfung des Überweisungsauftrages durch die Bank:
- Kontodeckung
- ggf. Prüfung der Unterschrift bei beleghafter Auftragserteilung
- Prüfung der Vollständigkeit der erforderlichen Angaben:
  -> IBAN bei Überweisungen innerhalb Deutschlands IBAN und BIC bei
  -> Überweisungen innerhalb des Europäischen Wirtschaftsraumes

III: Umwandlung von beleghaft erteilten Überweisungsaufträgen in elektronische Überweisungsdatensätze

IV: Weitergabe der Überweisungsdatensätze:
- Buchung von Gutschriften und Belastungen bei eigenen Kunden
- Weitergabe der elektronischen Datensätze an die zuständige Clearingstelle

V: Archivierung des SEPA-Überweisungsauftrages

Aufgabe b)

vgl. Rechtsbeziehungen zwischen den Beteiligten bei einer Überweisung im INFO

Aufgabe c)

Die IBAN hat 22 Stellen

- Länderkennzeichen, hier DE
- Prüfziffer, zwei Stellen z. B. 63
- Bankleitzahl des Empfängers, 8 Stellen, z. B. 20690500
- Kontonummer des Empfängers, z. B. 123456
- Die restlichen 4 Stellen für die 22-stellige IBAN werden durch Nullen zwischen Bankleitzahl und Kontonummer aufgefüllt.

Aufgabe d)

beleglos im Online-Banking: 11.11.20.. Freitag

2.2 Zahlung mittels Überweisung

beleghaft: 10.11.20.. (Donnerstag)

Vgl. § 676 a und § 676 g BGB im INFO

Aufgabe e)

Manuelle Eingabe der Überweisungsdaten an einem im Kreditinstitut installierten SB-Terminal. Als Legitimation vor Eingabe der Überweisungsdaten dient die PIN.

Aufgabe f)

Vgl. § 675 p (Unwiderruflichkeit eines Zahlungsauftrags): Der Zahlungsdienstnutzer kann einen Zahlungsauftrag ... nach dessen Zugang beim Zahlungsdienstleister des Zahlers nicht mehr widerrufen. Herr Spengler muss sich deshalb an den Otto-Versand wenden, um den zu viel überwiesenen Betrag wieder zurückzubekommen.

Aufgabe g)

Vgl. § 676 b (Haftung für verspätete Ausführung) im INFO

Bei einer fehlerhaften Ausführung eines Zahlungsauftrages kann der Zahler die unverzügliche und ungekürzte Erstattung des Zahlungsbetrages verlangen. Ein Zahlungsdienstleister kann die Haftung bei einer autorisierten, aber nicht erfolgten oder fehlerhaften Ausführung eines Zahlungsauftrages auf 12.500,00 EUR begrenzen.

Aufgabe h)

Das Kreditinstitut von Herrn Spengler kann den Zahlungsdienstleister des Zahlungsempfängers bitten, den Betrag vom Konto des unberechtigten Zahlungsempfängers zurückzuholen. Stimmt der unberechtigte Zahlungsempfänger der Abbuchung nicht zu, kann das Kreditinstitut auf Weisung von Herrn Spengler vom Zahlungsdienstleister des unberechtigten Zahlungsempfängers seinen Namen und seine Anschrift verlangen. Herr Spengler muss sich wegen seiner Ansprüche dann direkt an den unberechtigten Zahlungsempfänger wenden.

Aufgabe i)

Vgl. „Dauerüberweisung" im INFO

Aufgabe j)

15.11.20..

Aufgabe k)

Frau Nagel sollte auf ihrem Handy einen Echtzeitüberweisungsauftrag eingeben, der das Konto von Dello innerhalb von einigen Sekunden mit dem Betrag von 10.300,00 EUR begünstigt. Die Echtzeitüberweisung ist gebührenpflichtig, z. B. 1,50 EUR.

2.3 Zahlungen von Rechnungen mittels Lastschrift

Lernsituation 1

Aufgabe a)

Zahlungsabwicklung

- Der Zahlungsempfänger (Gläubiger, hier der FC Norderstedt) reicht Lastschriften bzw. Lastschriftdateien bei seinem Zahlungsdienstleister (1. Inkassostelle) zum Einzug ein.
- Die 1. Inkassostelle leitet die Lastschrift an den Zahlungsdienstleister des Zahlungspflichtigen (Zahlstelle) weiter.
- Die Zahlstelle belastet bei Fälligkeit (Verrechnungstag) der Lastschrift das Konto des Zahlungspflichtigen und informiert ihn durch einen Vermerk im Kontoauszug.
- Am Fälligkeitstag erfolgt auch die Verrechnung zwischen den Kreditinstituten und die Gutschrift für den Zahlungsempfänger (Gutschrift Eingang vorbehalten).
- Der Lastschriftverkehr wird zwischen den Kreditinstituten beleglos abgewickelt.

Aufgabe b)

Inkassovereinbarung

- Vereinbarung zwischen dem Zahlungsempfänger und seinem Kreditinstitut (1. Inkassostelle) über den Lastschrifteinzug
- Anerkennung für der Bedingungen für Zahlungen mittels Lastschrift im SEPA-Basis-Lastschriftverfahren
- schriftliche Zustimmung des Zahlungspflichtigen zum Forderungseinzug durch Lastschrift (SEPA-Lastschriftmandat)

Aufgabe c)

1) Vorteile für den Verein:
- Einzug von Forderungen, die in regelmäßigen Abständen in gleicher oder wechselnder Höhe gegenüber einem bestimmten Schuldnerkreis (hier Vereinsmitglieder) laufend entstehen.
- sofortige Gutschrift zu einem festen Termin
- genaue Kalkulation über die Verfügungsmöglichkeiten auf dem Vereinskonto
- keine Terminüberwachung, eine Rücklastschrift löst sofort das Mahnverfahren aus

2) Vorteile für das Vereinsmitglied:
- keine Terminüberwachung, Beiträge werden automatisch zu einem bestimmten Termin abgebucht
- Widerspruchsmöglichkeit bei ungerechtfertigten Zahlungen innerhalb von acht Wochen

Aufgabe d)

Die Lastschrift enthält Mandatsinformationen, z. B. Gläubiger-ID und Mandatsreferenz.

- Die Gläubiger-Identifkationsnummer dient der Identifikation des Lastschrifteinreichers und kann bei der Deutschen Bundesbank im Internet beantragt werden,
- Die Mandatsreferenz dient in Verbindung mit der Gläubiger-ID der Identifizierung des SEPA-Mandats. Sie wird vom Lastschrifteinreicher individuell für jedes Mandat vergeben.

2.3 Zahlungen von Rechnungen mittels Lastschrift

Aufgabe e)

Lastschriften sind am Fälligkeitstag fällig.

Fristen des Zahlungsempfängers und seines Kreditinstituts:
- Zahlungsavis (Prä-Notification): Der Zahlungsempfänger ist verpflichtet, den Zahlungspflichtigen spätestens 14 Kalendertage vor dem Lastschrifteinzug über Betrag und Datum des Einzugs zu informieren.
- Bei wiederkehrenden Lastschriften mit gleichen Beträgen genügen eine einmalige Unterrichtung vor dem ersten Lastschrifteinzug und die Angabe der weiteren Fälligkeitstermine.
- Bei jeder Lastschrift sind die Gläubiger-ID und die Mandatsnummer anzugeben.
- In der Lastschrift muss ein Fälligkeitsdatum angegeben sein, an dem das Konto des Zahlungspflichtigen belastet werden soll.
- Lastschriften müssen der Zahlstelle bei Erst- und Einmallastschriften spätestens fünf Geschäftstage, bei Folgelastschriften spätestens zwei Geschäftstage vor Fälligkeit vorliegen.
- Bei inländischen Lastschriften kann die Vorlagefrist auf einen Bankarbeitstag vor Fälligkeit verkürzt werden.

Aufgabe f)

Hinweis über den Lastschrifteinzug im Kontoauszug

Aufgabe g)

Teileinlösungen von Lastschriften sind nicht zulässig.

Aufgabe h)

Der Zahlungsempfänger muss die Rückbelastung auf seinem Konto durch die 1. Inkassostelle zulassen und darf diese Lastschrift nicht erneut zum Einzug geben,

Aufgabe i)

Rückgabe der Lastschrift innerhalb von acht Wochen nach Belastungsbuchung
- Die Zahlstelle bucht den Lastschriftbetrag mit Belastungswertstellung wieder gut.
- Rückgabe durch die Zahlstelle an die 1. Inkassostelle spätestens fünf Bankarbeitstage nach Fälligkeit bei SEPA-Basis-Lastschrift,
- Rückgabe durch die Zahlstelle binnen zwei Wochen Bankarbeitstage nach Fälligkeit bei SEPA-Firmen-Lastschriften,
- Eine nicht autorisierte Lastschrift kann innerhalb von 13 Monaten durch den Zahlungspflichtigen nach Belastung zurückgegeben werden.

Aufgabe j)

Bei mangelnder Kontodeckung oder Widerruf wird das Konto des Zahlungsempfängers nicht belastet. Wurde der Betrag dem Konto schon belastet, hat das Kreditinstitut das Recht, den Betrag dem Konto des Zahlungspflichtigen innerhalb von zwei Bankarbeitstagen nach der Belastungsbuchung wieder gutzuschreiben. Bei einer nichtautorisierten Zahlung oder bei einer fehlerhaften Ausführung einer autorisierten Zahlung kann der Kontoinhaber innerhalb von 13 Monaten eine Erstattung des Lastschriftbetrages verlangen.

Aufgabe k)

Rücklastschrift wegen mangelnder Kontodeckung
- Rücklastschrift wegen Widerspruchs
- Rücklastschrift wegen Nichtautorisierung
- Rücklastschrift wegen fehlerhafter Ausführung

Aufgabe l)

SEPA-Überweisung	SEPA-Basis-Lastschrift
Der Zahlungspflichtige löst den Zahlungsvorgang aus.	Der Zahlungsempfänger löst den Zahlungsvorgang aus.
Die Gutschrift erfolgt beim Zahlungsempfänger nach Ablauf des Überweisungsweges.	Die Gutschrift erfolgt nach Einreichung der Lastschrift Eingang vorbehalten beim Zahlungsempfänger durch die 1. Inkassostelle.
Ist die Gutschrift beim Zahlungsempfänger erfolgt, kann der Gutschriftsbetrag nicht mehr vom Zahlungspflichtigen „zurückgeholt" werden.	Der Zahlungspflichtige kann der Belastung durch eine Lastschrift innerhalb von acht Wochen widersprechen.

Aufgabe m)

Zahlungspflichtige sind keine Verbraucher.
- Der Zahlungspflichtige bei autorisierten Zahlungen hat nach der Einlösung der Lastschrift keinen Erstattungsanspruch.
- Der Zahlungsempfänger hat eine Zahlungssicherheit nach der Lastschrifteinlösung.
- Der Zahlungspflichtige erteilt dem Zahlungsempfänger ein SEPA-Firmenlastschriftmandat.
- Das Mandat wird vom Zahlungspflichtigen gegenüber seiner Zahlstelle bestätigt.
- Lastschriften müssen der Zahlstelle spätestens einen Geschäftstag vor Fälligkeit vorliegen.
- Anwendung der SEPA-Firmenlastschrift bei größeren Beträgen zwischen Unternehmen

Aufgabe n)

	SEPA-Basis-Lastschriftverfahren	SEPA-Firmen-Lastschriftverfahren
Zahlungsraum	Zahlungen in EUR innerhalb der EU und des EWR sowie Schweiz und Monaco und Zahlungen im Inland	
Meldepflichten	Meldepflichten nach dem Außenwirtschaftsgesetz: ab 12.500,00 EUR	
Teilnehmer	Privatkunden	Firmenkunden
Teilnahmevoraussetzungen	- Beitrittserklärung vom Zahlungsempfänger und Kreditinstitut - Zahlungspflichtiger erteilt dem Zahlungsempfänger das SEPA-Lastschriftmandat.	- Beitrittserklärung vom Zahlungsempfänger und Kreditinstitut - Zahlungspflichtiger erteilt dem Zahlungsempfänger das SEPA-Lastschriftmandat. - Zahlungspflichtiger muss der Zahlstelle das SEPA-Lastschriftmandat bestätigen.

2.3 Zahlungen von Rechnungen mittels Lastschrift

	SEPA-Basis-Lastschriftverfahren	SEPA-Firmen-Lastschriftverfahren
Erteilung des SEPA-Lastschriftmandats	Zahlungsautorisierung mittels Lastschriftmandat Weisung des Zahlungspflichtigen: - Einzugsermächtigung des Zahlungspflichtigen an den Zahlungsempfänger - Zahlungsauftrag an die Zahlstelle, vom Zahlungsempfänger eingereichte SEPA-Lastschriften einzulösen. Verfall des Mandats: Nach 36 Monaten, wenn innerhalb dieses Zeitraums keine Folgelastschriften eingereicht wurden. Ansonsten: Das Mandat gilt unbefristet bis zum Widerruf. Informationspflicht: Der Zahlungsempfänger muss den Zahlungspflichtigen über jeden bevorstehenden Lastschrifteinzug informieren (Pre-Notification). In der Lastschrift muss der Zahlungsempfänger ein Fälligkeitsdatum angeben, an dem das Konto des Zahlungspflichtigen belastet werden soll. Lastschriftmandat bleibt beim Zahlungsempfänger; Verwahrung 14 Monate nach dem letzten Lastschrifteinzug	Zahlungsautorisierung mittels Lastschriftmandat Bestätigung der Erteilung eines SEPA-Lastschriftmandats gegenüber der Zahlstelle Weisung des Zahlungspflichtigen: - Einzugsermächtigung des Zahlungspflichtigen an den Zahlungsempfänger - Zahlungsauftrag an die Zahlstelle, vom Zahlungsempfänger eingereichte SEPA-Lastschriften einzulösen. Verfall des Mandats: nach 36 Monaten, wenn innerhalb dieses Zeitraums keine Folgelastschriften eingereicht wurden. Lastschriftmandat bleibt beim Zahlungsempfänger; Verwahrung 14 Monate nach dem letzten Lastschrifteinzug
Ablauf des Lastschrifteinzugs	- Mandatseinholung des Zahlungsempfängers vom Zahlungspflichtigen - Zahlungspflichtiger erteilt Zahlungsempfänger ein SEPA-Lastschriftmandat. - Bestätigung der Mandatserteilung nur bei der Firmenlastschrift - Zahlungsempfänger gibt dem Zahlungspflichtigen eine Vorabinformation über Lastschrifteinzug - Inkassovereinbarung zwischen dem Zahlungsempfänger und seinem Kreditinstitut (1. Inkassostelle) - Zahlungsempfänger stellt transaktions- und mandatsbezogene Daten seinem Kreditinstitut zur Verfügung. - Weiterleitung aller Daten an die Zahlstelle - Clearing und Verrechnung zwischen 1. Inkassostelle und Zahlstelle - Konto des Zahlungspflichtigen wird belastet. - Mandatsprüfung nur bei der Firmenlastschrift	

	SEPA-Basis-Lastschriftverfahren	SEPA-Firmen-Lastschriftverfahren
	- Kreditinstitut des Zahlungsempfängers erteilt Gutschrift beim Zahlungsempfänger.	
Internethandel	Für die Nutzung des SEPA-Basis-Lastschriftmandats im Internet gibt es keine Vorschriften, die eine Originalunterschrift zwingend vorsehen. Daher ist eine Anwendung für Lastschriften im Internethandel möglich.	
Erledigung des SEPA-Lastschriftmandats	Zahlungsempfänger teilt der Zahlstelle die Erledigung des Lastschriftmandats mit Einzug der letzten Lastschrift mit.	
Widerruf des SEPA-Lastschriftmandats	- Jederzeit vom Kunden durch Erklärung gegenüber seinem Kreditinstitut - Widerruf gegenüber dem Zahlungsempfänger	- Jederzeit vom Kunden durch Erklärung gegenüber seinem Kreditinstitut - Widerruf gegenüber dem Zahlungsempfänger
Voraussetzungen für die Einlösung der SEPA-Lastschrift	- Kein Widerruf liegt vor. - Ausreichendes Guthaben - Keine Teileinlösungen - Die IBAN des Zahlungspflichtigen ist zuzuordnen. - Benachrichtigung des Zahlungspflichtigen bei Nichteinlösung einer SEPA-Lastschrift	
Vorlagefristen bei Einreichung von SEPA-Lastschriften	Bei Erst- und Einmallastschriften: 5 Tage vor Fälligkeit Folgelastschriften: spätestens 2 Tage vor Fälligkeit	Einheitlich 1 Tag vor Fälligkeit
Zurückweisung	Der Kunde kann dem Kreditinstitut gesondert die Weisung erteilen, bestimmte Lastschriften nicht einzulösen.	
Widerspruch gegen Belastungsbuchungen mit gültigem Lastschriftmandat	- Rückerstattungsanspruch 8 Wochen ab Belastungsbuchung ohne Grundangabe - Erlöschen des Erstattungsanspruchs nach Genehmigung der Lastschriftbuchung	Kein Erstattungsanspruch nach erfolgter Einlösung
Widerspruch gegen Belastungsbuchungen mit ungültigem Lastschriftmandat	- Unverzügliche Erstattung des Lastschriftbetrages - Ausschluss der Ansprüche des Kunden nach Ablauf von 13 Monaten ab Belastungsbuchung	
Lastschriftrückgabe durch Zahlstelle	Bis 5 Tage nach Belastungsbuchung	Bis 2 Tage nach Belastungsbuchung

Lernsituation 2

Aufgabe a)

Die Liquidität des Geschäftskontos wird nicht länger von Dritten, sondern durch die Pfeifen Tesch GmbH selbst gesteuert.

Die Buchhaltung der Pfeifen Tesch GmbH wird entlastet da keine Überwachung der Zahlungseingänge erforderlich ist.

Das Debitorenziel und damit die Kreditwürdigkeit der Pfeifen Tesch GmbH verbessert sich.

Da die Tankstellen-Shops nicht mehr verspätet ihre Rechnungen bezahlen, wird das Mahnwesen reduziert

Aufgabe b)

SEPA-Firmen-Lastschriftverfahren

Die Sicherheit des Zahlungseingangs ist größer, da die Zahlungspflichtigen kein Widerspruchsrecht gegen eine vorgenommene Belastung haben.

SEPA-Basis-Lastschriftverfahren

Die Akzeptanz bei den Kunden der Pfeifen Tesch GmbH ist größer, da diese ein Widerspruchsrecht gegen eine vorgenommene Belastung haben.

Die Pfeifen Tesch GmbH ist nicht davon abhängig, dass die Zahlungspflichtigen die Erteilung des Lastschriftmandats ihren Kreditinstituten gegenüber bestätigt haben.

Aufgabe c)

Die Pfeifen Tesch GmbH muss bei der Deutschen Bundesbank eine Gläubiger-Identifikationsnummer beantragen.

Die Pfeifen Tesch GmbH muss mit der Nordbank AG einen Inkassovertrag abschließen.

Die Pfeifen Tesch GmbH muss sich von ihren Zahlungspflichtigen ein Lastschriftmandat einholen.

Die Lastschriften müssen spätestens einen Tag vor Fälligkeit der Nordbank AG eingereicht werden.

2.4 Kartengestützte Zahlungen

2.4.1 Die Bank- und Debetkarte

Aufgabe a)

- Mietzahlungen per Überweisungsauftrag oder SEPA-Lastschriftabbuchung
- Barzahlungen mittels Verfügungen am automatischen Kassenterminal (AKT) oder Verfügungen an Geldausgabeautomaten

Aufgabe b)

- Verfügungen am Geldausgabeautomaten
- Kontoauszugdrucker nutzen

- Überweisungen am SB-Terminal tätigen
- Bargeldloses Bezahlen an automatisierten Kassen mit oder ohne PIN-Eingabe sowie kontaktloses Bezahlen mit dem Smartphone.

Aufgabe c)
- Sorten
- Bankkarte mit Debetfunktion

Kreditkarten

Aufgabe d)
- Bargeldbeschaffung an automatischen Kassentresoren
- Verfügungen am Bargeldautomaten im In- und Ausland

Eine Auszahlung von seinem Girokonto kann Herr Springer während der Öffnungszeiten in der Zentrale oder einer der Filialen der Nordbank AG oder rund um die Uhr an Geldausgabeautomaten erhalten. Die Barauszahlungen in der Filiale erfolgen i. d. R. mittels automatischer Kassentresore (AKT). Sie werden entweder von den Kundenbetreuern direkt am Beratungsplatz oder von einem Angestellten im Servicebereich bedient.

Aufgabe e)
- Vor der Bargeldauszahlung am Bargeldautomaten muss die PIN eingegeben werden.
- Der Individuelle Verfügungsrahmen verhindert eine unbegrenzte tägliche Barabhebung, z. B. 1.000,00 EUR täglich bei fremden Kreditinstituten.

Aufgabe f)
Haftung bei missbräuchlicher Verwendung der Debetcard:

Ansprüche gegen die Bank sind ausgeschlossen, wenn der Kontoinhaber die Bank nicht spätestens 13 Monate nach dem Tag der Belastung mit der Kartenverfügung darüber unterrichtet hat.

Haftung des Kontoinhabers für nicht autorisierte Kartenverfügungen

Haftung des Kontoinhabers bis zur Sperranzeige:

Verliert der Karteninhaber seine Karte, wird sie ihm gestohlen oder kommt sie sonst abhanden und kommt es dadurch zu nicht autorisierten Kartenverfügungen in Form der Abhebung von Bargeld an einem Geldautomaten, haftet der Kontoinhaber für Schäden, die bis zum Zeitpunkt der Sperranzeige verursacht werden, in Höhe von maximal 50,00 EUR. Die Haftung für Vorsatz und Fahrlässigkeit bleibt unberührt.

Kommt es vor der Sperranzeige zu nicht autorisierten Kartenverfügungen und hat der Karteninhaber seine Sorgfaltspflichten nach diesen Bedingungen vorsätzlich oder grob fahrlässig verletzt, trägt der Kontoinhaber den hierdurch entstandenen Schaden in vollem Umfang. Grobe Fahrlässigkeit des Karteninhabers kann insbesondere dann vorliegen, wenn

- er den Verlust, Diebstahl der Bank oder dem Zentralen Sperrannahmedienst schuldhaft nicht unverzüglich mitgeteilt hat,
- die persönliche Geheimzahl auf der Karte vermerkt oder zusammen mit der Karte verwahrt war.

2.4 Kartengestützte Zahlungen

Die Haftung für Schäden innerhalb des Zeitraums, für den der Verfügungsrahmen gilt, beschränkt sich jeweils auf den für die Karte geltenden Verfügungsrahmen.

Haftung des Kontoinhabers ab Sperranzeige:

Sobald der Bank oder dem Zentralen Sperrannahmedienst der Verlust oder Diebstahl der Karte angezeigt wurde und ggf. im Falle des Diebstahls der Bankkarte der Polizei gemeldet hat, übernimmt die Bank alle danach durch Verfügungen entstehenden Schäden.

Aufgabe g)

Gebühren für das Konto sind i. d. R. niedriger als bei nicht-Online-Banking

Zahlungsaufträge können zeitlich unabhängig erteilt werden.

Überprüfung der Kontoumsätze kann zeitlich ungebunden erfolgen

Aufgabe h)

Grundsätzlich mit maximal 50 Euro. Dabei ist es unerheblich, wenn nicht autorisierte Zahlungsvorgänge auf Grund der Nutzung eines verlorenen, gestohlenen oder sonst wie abhanden gekommenen Authentifizierungsinstruments erfolgen.

Aufgabe i)

Die TAN wird vom KI aus Bestandteilen des Auftrages jedesmal neu ermittelt und zeitlich nur begrenzt nutzbar. Das KI übermittelt die TAN und die Auftragsdaten per SMS oder per App an den Kunden. Dieser gibt sie zur Freigabe des Auftrags ein. Für die Versendung der push-TAN fallen i. d. R. keine Gebühren an.

2.4.2 Zahlungen mit Kreditkarte

Aufgabe a)

Bezahlen mit einer Kreditkarte, MasterCard oder VisaCard

- Die Kreditkarte ist ein Zahlungsmittel, da man mit ihr bargeldlos unter Vorlage der Kreditkarte bei Akzeptanzstellen, z. B. Hotels und Tankstellen zahlen kann.
- Die Kreditkarte ist eine Liquiditätsreserve, da der Karteninhaber im Rahmen eines Bargeldservice bei Kreditinstituten und an Geldautomaten Bargeld abheben kann.
- Die Kreditkarte ist ein Kreditmittel, da der Rechnungsausgleich durch den Karteninhaber mit einem Zeitverzug von bis zu vier Wochen nach Inanspruchnahme der Leistung erfolgt.

Begründung:

Es sind von Kreditinstituten oder anderen Organisationen als Lizenznehmer von Kreditkartenorganisationen (MasterCard, VisaCard) ausgegebene Ausweiskarten. Kreditkarten berechtigen dazu, weltweit bei bestimmten Handels- und Dienstleistungsunternehmen Leistungen ohne Bargeldzahlung gegen Vorlage der Kreditkarte und Leistung einer Unterschrift auf dem Leistungsbeleg oder durch PIN-Eingabe in ein Terminal in Anspruch zu nehmen.

- Kreditkarten werden weltweit akzeptiert.
- einfaches Bezahlen mit der Kreditkarte in Hotels, Restaurants und Supermärkten und bei Käufen im Internet
- schnelle Bargeldbeschaffung in ausländischer Währung

- Zusatzleistungen bei Reisen, z. B. Auslandskrankenversicherung, Reiserücktrittsversicherung
- Voraussetzung für die Nutzung von Mietwagen ohne Kautionshinterlegung

Aufgabe b)
- Zusatzleistungen bei Reisen, z. B. Auslandskrankenversicherung, Reiserücktrittsversicherung,
- Voraussetzung für die Nutzung von Mietwagen ohne Kautionshinterlegung

Aufgabe c)
- Man sollte bei PIN-Eingabe die Tastatur mit der Hand verdecken.
- Man sollte vor Eingabe der PIN Bankautomat auf Auffälligkeiten überprüfen.

Aufgabe d)
Autorisierung einer Kreditkartenzahlung:
- Einlesen der Daten vom Magnetstreifen oder Chip in ein Kartenterminal
- Bestätigung des Betrages durch den Karteninhaber auf dem Terminal
- Online-Autorisierung beim Emittenten, d. h. Prüfung der Gültigkeit und des Verfügungsrahmens
- Ausdruck des Leistungsbeleges und Unterschrift des Karteninhabers auf dem Beleg.
- Alternativ zur Unterschrift erfolgt bei einigen Kreditkarten die Autorisierung der Zahlung durch Eingabe der PIN.
- Bei kontaktlosen Zahlungen mit der Kreditkarte oder mit dem Smartphone (z. B. Mastercard Nearby App) ist eine Autorisierung der Zahlung durch Unterschrift oder PIN erst bei Zahlungen über 50,00 EUR notwendig.
- Bei Bargeldabhebungen an Geldautomaten legitimiert sich der Karteninhaber immer durch Eingabe der PIN.

Aufgabe e)
Bei Zahlungen mit der Kreditkarte im Internet sind folgende Eingaben notwendig:
- Name des Karteninhabers
- Kartennummer
- Gültigkeitsdatum
- Kartenprüfziffer (CVC-Card Validation Code bzw. CVV-Card Verification Value)

Die Kartenprüfziffer ist eine drei- oder vierstellige Zahl, die auf der Rückseite der Kreditkarte aufgedruckt ist. Der Karteninhaber muss sich zunächst bei seiner Kreditkartengesellschaft registrieren lassen. Dies geschieht, indem er die entsprechende App seiner Kartengesellschaft auf sein Smartphone läd. Der Bezahlvorgang erfolgt dann im Rahmen des Zwei-Faktor-Authentifizierungsverfahrens: Beim Bezahlvorgang im Internet öffnet sich ein Eingabefenster der Kreditkartengesellschaft im Browser, in dem die Zahlung zu bestätigen und ein Sicherheitscode anzugeben sind. Das kann z.B. ein auf das Handy dem Handy empfangene TAN sein, die anzugeben ist. (vgl. INFO im Lehrbuch Nr. 18 der Kreditkartenbedingungen):

2.4 Kartengestützte Zahlungen

Bezahlen von Einkäufen im Internet mit Kreditkarte – die Zwei-Faktor-Authentifizierung

Wenn Verbraucher heute im Internet einkaufen wollen, müssen sie jetzt besonders auf Sicherheit bei Zahlungen mit Kreditkarte achten. Denn bei Käufen im Internet mit der Kreditkarte muss jetzt aus Sicherheitsgründen die sogenannte Zwei-Faktor-Authentifizierung genutzt werden. Sie ist seit 2021 gesetzlich verpflichtend.

Wer seine Kreditkarte für den Online-Einkauf benutzen möchte, muss sich durch einen zusätzlichen Schritt identifizieren: die Zwei-Faktor-Authentifizierung (2FA). Damit kommen Kreditinstitute den Vorschriften der EU-Zahlungsrichtlinie (PSD 2) nach.

Bisher war beim Einkauf oder einer Reisebuchung im Internet noch nicht einmal die Kreditkarte selbst erforderlich. Wer die Kartennummer, die Prüfnummer und das Ablaufdatum vorliegen hatte, konnte auch ohne Vorlage der Kreditkarte im Internet einkaufen und bezahlen.

Doch da die Kreditkarten Daten beispielsweise durch einen Hackerangriff oder Sicherheitslücken beim Onlinehändler in falsche Hände geraten konnten, wurde nun die Sicherheit durch die Zwei-Faktor-Authentifizierung erhöht.

Das SMS-Tan-Verfahren wird am häufigsten verwendet
Je nach Kreditkarten-Anbieter hat das sogenannte 3D-Secure-Verfahren unterschiedliche Bezeichnungen, zum Beispiel:

- Visa: "Verified bei Visa"
- Mastercard: "Mastercard Identity Check",
- American Express: "Safekey"

In der Regel müssen Kunden bei Internetkäufen ihre Kreditkartenzahlungen mit einer einmal gültigen Transaktionsnummer (TAN) freigeben. Die Kreditinstitute bieten verschiedene Verfahren an, die meist über das Mobiltelefon laufen. Am häufigsten gaben die von Finanztest befragten Kreditinstitute an, das SMS-Tan-Verfahren zu nutzen, da dieses Verfahren auch auf älteren Mobilhandies funktioniert.

Andere Kreditinstitute bieten die Erstellung der TAN über einen ChipTAN-Generator an, den die Kunden vorab erwerben und freischalten lassen müssen. Nutzer von American Express Karten können sich die Tan auch per Mail zukommen lassen. Bei der Berliner Volksbank, der Deutschen Bank, der DKB und der Frankfurter Volksbank wird keine TAN erstellt. Es genügt, wenn Kunden ihre App mit Fingerabdruck oder Passwort öffnen und die Kreditkartenzahlung damit bestätigen.

Eine Registrierung ist zwingend erforderlich
Kreditkartennutzer müssen selbst aktiv werden und sich für die 3D-Secure-Verfahren auf den Websites der Kreditinstitute registrieren. Dann wird ein Identifikationscode angefordert, der dem Kunden innerhalb einer Cent-Überweisung, per Umsatzanzeige in der Kreditkartenrechnung oder per Post mitgeteilt wird. Wer sich für das TAN-Verfahren per Smartphone entscheidet, muss nun noch die passende App des jeweiligen Kreditinstituts installieren. Um die Registrierung abzuschließen, muss vom Kunden eines der angebotenen Verfahren gewählt werden. Danach muss der Code auf der Registrierungs-Website des Kreditinstituts eingegeben werden. Danach wird das gewählte Verfahren freigeschaltet.

Aufgabe f)
- Bei einer nicht autorisierten oder fehlerhaften Ausführung einer autorisierten Kreditkartenverfügung ist das Kreditinstitut verpflichtet, dem Kontoinhaber den Betrag unverzüglich und ungekürzt zu erstatten.

- Das Abhandenkommen der Kreditkarte ist unverzüglich der kontoführenden Stelle oder dem Zentralen Sperrannahmedienst zu melden. Bei einem Diebstahl oder Missbrauch ist zudem eine Anzeige bei der Polizei zu erstatten.
- Herr Plate als Verbraucher haftet für Schäden bis zum Eingang der Verlust- bzw. Schadensanzeige bis zu 50,00 EUR.
- Nur bei grober Fahrlässigkeit oder Vorsatz haftet er bis zur Höhe des Verfügungsrahmens.
- Nach der Sperranzeige haftet Herr Plate nicht mehr für Schäden bei missbräuchlicher Verfügung.

Aufgabe g)
- Die Nordbank AG muss Details (etwa Belegdatum) zur reklamierten Zahlung aufnehmen.
- Die Nordbank AG muss die Kundenanzeige über die nicht autorisierte Zahlung an die Kreditkartengesellschaft weiterleiten.

2.4.3 Kontaktloses Bezahlen mit dem Handy

Aufgabe 1
- Der Kunde muss am Onlinebanking teilnehmen;
- Der Kunde muss ein digitales Handy besitzen;
- Auf dem Handy muss eine Banking-App installiert sein;
- Auf dem Handy muss eine digitale Debetcard und/oder Kreditkarte installiert sein;
- Für die sichere Speicherung der Kartendaten auf dem Handy wird die sog. HCE-Technik (Host Card Emulation) genutzt.
- Für mobile Zahlungen mit einem Apple-Smartphone kann der Nutzer in der Banking-App die App „Apple Pay" hinzufügen („Zur Apple Wallet hinzufügen"). Alternativ kann der Nutzer die digitale Zahlungskarte in der Apple „Wallet App" aktivieren.

Aufgabe 2
- Die Zwei-Faktor-Authentifizierung der Zahlung erfolgt durch
- Besitz des Handys und
- Entsperrung des Handys durch Fingerabdruck, Gesichtserkennung, Gerätecode oder Eingabe eines Musters.
- Beim Bezahlen ist das Handy zu entsperren und nahe an das Bezahlterminal zu halten.
- Über die NFC-Schnittstelle (Near Field Communication) des Smartphones werden die Daten in das Terminal eingelesen.
- Die Zahlung wird - unabhängig von der Betragshöhe – mit der im Smartphone hinterlegten Entsperrmethode freigegeben.
- Die Eingabe einer PIN ist nicht erforderlich.

Aufgabe 3
- Herr Klingner muss am Onlinebanking teilnehmen;
- Die Überweisung kann an Personen ausgeführt werden, die im Adressbuch des Handys von Herrn Klingner gespeichert sind;

2.4 Kartengestützte Zahlungen

- - einmalige Registrierung der Handy-an-Handy-Zahlung in der Banking-App durch Herrn Klingner;
- Auch der Zahlungsempfänger muss sich auf seiner Banking-App mit dieser Zahlungsart registrieren.

Aufgabe 4
- Bei der Zahlung kann der Zahler in der Banking-App einen Zahlungsempfänger im Adressbuch seines Handys anklicken, einen Zahlungsbetrag eingeben und die Überweisung auslösen.
- Bei Zahlungen bis 30,00 EUR ist bei Giropay keine TAN erforderlich.
- Der Zahlungsempfänger erhält auf seinem Handy sofort eine Benachrichtigung über den Zahlungseingang.

Wero - Die neue mobile Bezahlfunktion in der Banking App

Wero ist die neue mobile Bezahlfunktion in der Banking App. Mit ihr kann man Geld senden und empfangen in Echtzeit – ohne IBAN, die Handynumer genügt

Mit der neuen Bezahlfunktion Wero in der Banking App kann in unter 10 Sekunden Geld an Freunde und Familie gesendet werden. Mit Wero kann man in Echtzeit Geld von Girokonto zu Girokonto senden und anfordern oder Zahlungsbeträge aufteilen.

Hinter Wero steht die European Payments Initiative, die von mehreren europäischen Banken ins Leben gerufen wurde, um das Bezahlen europaweit für Kunden einfacher zu machen. Zukünftig werden noch mehr Länder und Services dazukommen. Man kann dann mit Wero auf eine flexible Zahlungslösung aus einer Hand zurückgreifen: zum Beispiel für Käufe im Online-Handel.

Vorteile mit Wero
- Nur einmal in der jeweiligen Banking App anmelden
- Man kann jederzeit Geld senden oder empfangen
- Man braucht nur die Handynummer oder E-Mailadresse Ihres Kontakts
- Zahlungen an den Zahlungsempfänger gehen ohne Umweg über Drittanbieter direkt auf dem Konto des Zahlungsempfängers
- Man erhält den Service seiner Bank, die banküblichen Werten verpflichtet ist

Wie wird Wero auf dem Handy installiert:
- Die Banking App herunterladen
- Wero in seiner Banking App freischalten

Einfaches und sicheres Geld senden, bezahlen und verwalten mit PayPal.

Zuerst die PayPal App auf das Smartphone laden oder man meldet sich kostenlos online an.

Dann scannt man den Code.

PayPal

Wie funktioniert die Bezahlung über PayPal?

Man meldet sich kostenlos an und hinterlegt sein Bankkonto oder seine Kreditkarte.

Man wählt beim Bezahlen PayPal aus und man gelangt auf eine abgesicherte Zahlungsseite.

Nachdem man bezahlt hat, wird der Artikel verschickt, ohne dass der Händler die Bankdaten sieht.

Wie läuft die PayPal-Zahlung ab?

Um Geld zu senden, gibt man die E-Mail-Adresse oder Telefonnummer des Empfängers an, gibt den Betrag ein und bestätigst die Zahlung. Das klappt über die Website von PayPal oder über die App. Wenn man Geld in Euro sendet, ist das kostenlos.

Gebühren fallen an, falls das Geld in eine andere Währung umgerechnet wird.

2.5 Reisezahlungsmittel

Aufgabe a)

Sortenumrechnung: 2.000,00 GBP x 0,8308 = **2.407,32 EUR**

Aufgabe b)
- Es gibt keinen Zinsertrag beim Halten von Sorten/Bargeld für die Bank.
- höheres Kursrisiko bei Sorten
- bei Sorten sind folgende Kosten höher als bei Devisen: z. B.
  - Lagerkosten
  - Versicherungskosten
  - Transportkosten
  - Verwaltungskosten (Tätigkeiten in der Kasse)

Aufgabe c)
- Bargeldbeschaffung an Geldausgabeautomaten
- Bargeldloses Bezahlen an electronic cash-Kassen

Aufgabe d)

Vorteile Kreditkarte:
- Weltweit einfach und bequem nur mit der Unterschrift bzw. Eingabe der PIN bargeldlos bezahlen
- Weltweiter Ersatzservice bei Kartenverlust
- Haftung von Herrn Brinkmann bei Kartenverlust auf 50,00 EUR begrenzt wenn er nicht grob fahrlässig handelt
- Mögliche Zinsersparnis bei Soll-Kontostand, da nur einmal im Monat die Abbuchung der Kreditkartenumsätze erfolgt
- Sparen von Buchungsgebühren, da die Abbuchung in einer Summe erfolgt
- Je nach Kreditkarte und Ausgestaltung sind verschiedene Versicherungen oder Serviceleistungen eingeschlossen
- Insbesondere bei Mietwagen häufig obligatorisch

Aufgabe e)

Umrechnung des Fremdwährungsbetrags zum Geldkurs des dem Eingang vorangegangenen Börsentages, zuzüglich Kosten von 1,5% vom Umsatz

Aufgabe f)
- Währungsumrechnung erfolgt direkt beim Kauf; Preis (Belastungsbetrag) ist Herrn Brinkmann bekannt
- Mehrere unterschiedliche Zahlungsmittel geben zusätzliche Sicherheit und Liquidität während der Reise, falls eines der Zahlungsmittel nicht nutzbar ist bzw. ausfällt.

Aufgabe g)

1 EUR = 1,0679
1.500,00 EUR = 1.500 x 1,0679 = **1.601,85 USD**

2.6 Auslandszahlungsverkehr

2.6.1 Risiken im Außenwirtschaftsverkehr

Risiken im Außenhandel	Kennzeichnung	Eingrenzung der Auslandsrisiken
Politische Risiken	*Transferrisiko:* Aufgrund von Devisenmangel verbietet der Staat Zahlungen in Fremdwährung. *Lieferungsrisiko:* Der Staat verbietet die Ausfuhr bestimmter Güter. Auch politische Unruhen und Kriege können die Lieferung der Ware verhindern.	keine Eingrenzungsmöglichkeiten
Wirtschaftliche Risiken	*Erfüllungsrisiken für Importeure:* Der Exporteur kann die Ware nicht beschaffen und liefern. Der Exporteur liefert mangelhafte Ware. *Erfüllungsrisiken für Exporteure:* Der Importeur zahlt nicht. Der Importeur nimmt die Ware nicht ab. *Transportrisiko:* Die Ware geht auf dem Transport verloren, z. B. geht das Frachtschiff unter. *Währungsrisiko (Wechselkursrisiko):* Das Warengeschäft wird in einer fremden Währung fakturiert. Wechselkursrisiken sind Verlustgefahren durch Veränderungen der Kursrelationen zwischen den Währungen der Vertragsparteien, in der die Zahlung geleistet wird.	*Erfüllungsrisiken für Importeure:* Bankgarantie, Zahlung erst nach Lieferung Vorlage von Qualitätszeugnissen, Zahlung erst nach Lieferung und Qualitätsprüfung *Erfüllungsrisiken für Exporteure:* Vorauszahlung des Kaufpreises durch den Importeur, Vereinbarung besonderer Zahlungsformen (Dokumenten-Inkasso, Dokumenten-Akkreditiv) Abschluss eindeutiger Verträge, in denen der Gefahrenübergang geregelt ist (Vereinbarung einer Incoterm-Klausel) *Transportrisiko:* Abschluss einer Seetransportversicherung *Währungsrisiko (Wechselkursrisiko):* Geschäftsabschlüsse in EUR fakturieren. Abschluss eines Kurssicherungsgeschäftes, z. B. Abschluss eines Devisentermin- oder Devisenoptionsgeschäftes.

2.6.2 Sorten und Devisen

Lernsituation 1

2.434,99 EUR (2.500 : 1,0352 = 2.414,99 zuzüglich Gebühren von 20 EUR)

Lernsituation 2

18.500,00 USD : 1,0650	17.370,89 EUR
- 1,25 % Provision	217,14 EUR
Gutschrift	**17.153,75 EUR**

Lernsituation 3

Aufgabe a)

Report: Der Terminkurs ist höher als der Kassakurs, wenn die Zinsen im Inland niedriger sind als die ausländischen Zinsen. Den Aufschlag bezeichnet man als Report.

Terminkurs = Kassakurs + Report

Terminkurs = 1,0650 + (0,75% von 1,0650) 0,00798= 1,07298

Da der Zins in den USA um 0,75 % p.a. höher liegt als in Euroland, ist der Terminkurs **1,07298**.

Aufgabe b)

Der Gutschriftsbetrag beträgt 225.000,00 USD : 1,07298 = **209.696,36 EUR**

2.6.3 Nichtdokumentäre Zahlungen im Außenwirtschaftsverkehr

2.6.3.1 Zahlungen einer Auslandsrechnung mittels Überweisungsauftrag

Aufgabe a)

Vgl. „EU-Standardüberweisung" im INFO

Aufgabe b)

Vgl. „IBAN" und „BIC" im INFO

Beschleunigung des Überweisungsweges (IBAN als internationale Kontonummer und BIC als internationaler Bankcode)

Aufgabe c)

Vgl. „Zahlungsauftrag im Außenwirtschaftsverkehr" im INFO

In dieser Lernsituation ist der Betrag um 340,00 EUR niedriger als 12.500,00 EUR.

Aufgabe d)

Vgl. „Sepa-Überweisung" im INFO

Der Auftrag ist als SEPA-Überweisung möglich, da die Rechnung in EUR bezahlt wird und das Empfängerland innerhalb des EWR liegt.

2.6.3.2 Scheckzahlungen im Auslandszahlungsverkehr

Aufgabe a)

Der amerikanische Exporteur schätzt die Bonität der Nordbank AG höher ein als die Bonität der CEPACO GmbH.

Aufgabe b)

Vgl. „S.W.I.F.T." im INFO

Da es sich um einen A-Korrespondenten handelt, teilt die Nordbank AG der BankAmerica per SWIFT mit, dass der Bankenorderscheck zu Lasten ihres Kontos geht und wie die Legitimation erfolgen soll (Sicherheitsaspekte).

Aufgabe c)

- Fortfall der Brief/Geld-Spanne, da die US-Dollar-Zahlungseingänge verwendet werden, um US-Dollar-Zahlungsausgänge zu finanzieren.
- Reduktion des Währungsrisikos, da Umrechnungen in US-Dollar während der Zeit der Kontoführung entfallen.
- Transaktionskosten beim Umtausch von Devisen in Landeswährung und umgekehrt entfallen.

Aufgabe d)

280.000 : 1,0710 = **261.437,91 EUR**

3 Geldanlage auf Konten

3.1 Sichteinlagen

Aufgabe a)

Vgl. INFO
- Teilnahme am bargeldlosen Zahlungsverkehr
- Verringerung der Bargeldhaltung

Aufgabe b)

Vgl. INFO
- per Überweisung oder Lastschrift
- per Kartenzahlung
- per Barverfügung
- ggf. Habenzinsen bei Kontoguthaben

Aufgabe c)

Vgl. INFO

Kurz-, mittel- und langfristige Einlagen können mit entsprechenden Laufzeiten verzinslich als Darlehen weitergegeben werden.

Da in der Bankpraxis z. B. kurzfristige Einlagen der Bank mittel- und langfristig wegen Nichtabrufung von Kunden (Bodensatztheorie) zur Verfügung stehen, können diese Gelder zu einem gewissen Prozentsatz auch mittel- und langfristig ausgeliehen werden.

Aufgabe d)

Floatgewinne können entstehen, wenn Wertstellungen für Belastungen vor dem Geldabfluss liegen und Wertstellungen für Gutschriften hinausgeschoben werden.

3.2 Termineinlagen

Aufgabe a)

Vgl. INFO

Sichteinlagen	Termineinlagen
Der Kontostand kann debitorisch oder kreditorisch sein.	nur debitorisch
jeder Betrag ist möglich.	Anlage in größeren Beträgen
jederzeitige Verfügung	fester Anlagezeitraum, ggf. Verfügung erst nach Kündigung oder am Ende der Festlegungsfrist
i. d. R. keine Guthabenzinsen	fester Zins über den gesamten Anlagezeitraum
keine Festlegungsfrist	Mögliche Festlegungsfristen sind 30, 60, 90, 120, 360 Tage.

Aufgabe b)

Vgl. INFO

30, 60 oder 90 Tage z. B., auch Halbjahres- oder Jahresgeld

Aufgabe c)

Vgl. INFO

Anlage von Termineinlagen in runden Beträgen, z. B. 5.000,00 EUR oder ein Vielfaches

Aufgabe d)

Vgl. INFO

Individuelle Vereinbarung zwischen Kunde und Bank

Aufgabe e)

- Größere Zahlungsverpflichtungen zu bestimmten in der Zukunft liegenden Terminen, z. B. Steuerzahlungen
- Gelder sollen kurzfristig angelegt werden, weil sie momentan nicht benötigt werden.
- Für Gelder sollen günstigere Anlagemöglichkeiten abgewartet werden, z. B. weil der Anleger steigende Zinssätze erwartet.

Aufgabe f)

Vgl. INFO

- Beachtung von Kündigungsfristen oder Festlegungsfristen
- Während des Anlagezeitraums gibt es keine Verfügungsmöglichkeit ohne Vorfälligkeitsentschädigung oder Zinsverlust.

Aufgabe g)

Zinsbetrag	50,67 EUR
- 25 % Abgeltungsteuer	12,67 EUR
- 5,5 % SolZ	0,70 EUR
Gutschrift	**37,30 EUR**

Aufgabe h)

Zinsen = (Kapital x Zinssatz x Tage) : 36000

Kapital = (Zinsen x 36.000) : (Zinssatz x Tage)

Kapital = (50,67 x 36.000) : (0,375 x 60)

Kapital = 1.824.120 : 22,50 = **81.072,00 EUR**

3.3 Spareinlagen

Aufgabe a)

Vgl. „Bedarfssignale und Anlagemotive" im INFO

- Sparmotive z. B. Vorsorgesparen, Konsumsparen
- bei Anlage auf einem Sparkonto ggf. Sondersparform empfehlen

Aufgabe b)

Magisches Dreieck der Geldanlage: Rentabilität, Sicherheit, Liquidität. Insbesondere können diese Ziele durch entsprechende Sonderformen der Spareinlagen abgedeckt werden, z. B. Anlage eines festen Betrags von z. B. 5.000,00 EUR für einen längeren Zeitraum mit jährlich steigendem Zinssatz.

Aufgabe c)

- Verhinderung der Abwanderung von Kunden
- Spareinlagen sollen in längerfristige Sondersparformen transferiert werden, um die Spargelder längerfristig an das Kreditinstitut zu binden.
- Kundeneinlagen sollen aus Wettbewerbsgründen mit attraktiven Zinssätzen im eigenen Institut gehalten werden.

Aufgabe d)

Vgl. „Die Merkmale von Spareinlagen" im INFO

Zustandekommen

- Darlehensvorvertrag: Antrag und Annahme
- Einzahlung eines Betrags und Aushändigung einer Sparurkunde

Aufgabe e)

Wesentliche Merkmale

- Aushändigung einer Sparurkunde

- Befristungsverbot
- Zahlungsverkehrsverbot
- besonderer Anlegerkreis
- Bildung und Anlage von Vermögen

Aufgabe f)

1.000,00 EUR für Ledige

2.000,00 EUR für Verheiratete

3.4 Anlage in Sparbriefen

Aufgabe 1

Siehe Übersicht über die Sparbriefe im Infoteil des Lehrbuches

Aufgabe 2

- Erwerbsbeleg
- Kontoauszug

Aufgabe 3

Die Sparbriefe sind als Einlage durch den Einlagensicherungsfonds des privaten Bankgewerbes (bei Sparkassen durch den Sparkassenstützungsfonds und bei Genossenschaftsbanken durch den Genossenschaftsverbund vollständig) bis zu 8,75 % des haftenden Eigenkapitals der Privatbank pro Gläubiger, mindestens 438.000 EUR, abgesichert.

3.5 Sparen nach dem Fünften Vermögensbildungsgesetz

Aufgabe a)

Vgl. Manteltarifvertrag für das Bankgewerbe Teil IV § 2:

Höhe der Leistungen: Die Arbeitnehmer und Auszubildenden erhalten für jeden Kalendermonat, für den sie mindestens 15 Kalendertage Gehalt bzw. Vergütung für Auszubildende beziehen, 40,00 EUR monatlich als Leistungen im Sinne des Fünften Vermögensbildungsgesetzes.

Nach § 2 des Tarifvertrags über Leistungen nach dem „Vermögensbildungsgesetz über die Höhe der Leistungen" erhalten Arbeitnehmer und Auszubildenden für jeden Kalendermonat 40,00 EUR monatlich als Leistungen im Sinne des Fünftes VermBG.

Danach stehen Frau Meixner 40,00 EUR an VL-Leistungen von der Nordbank zu.

Aufgabe b)

Vgl. INFO

3.5 Sparen nach dem Fünften Vermögensbildungsgesetz

Geförderter Personenkreis	Anlageform	Festlegungsfrist	Sparhöchstbetrag
Arbeitnehmer, Azubis, deren zu versteuerndes Einkommen 40.000 EUR / 80.000 EUR bei Ledigen / Verheirateten nicht übersteigt.	- Erwerb von Vermögensbeteiligungen, z. B. Anteile an einem Aktienfonds. Sperrfrist 6 Jahre, Beginn 1. Januar des Jahres, in dem die Wertpapiere bzw. Beteiligungsrechte erworben werden. - Anlage auf Sparkonten zum Erwerb von festverzinslichen Wertpapieren, Sperrfrist 7 Jahre, Beginn 1. Januar des Jahres, in dem die erste vermögenswirksame Leistung eingeht. - Bausparen, Sperrfrist 7 Jahre ab Datum des Vertragsabschlusses	- 6 Jahre bei Wertpapier-Kaufverträgen - 7 Jahre bei Sparverträgen und Sparverträge über Wertpapiere - Mindestvertragsdauer 12 Jahre bei Kapitallebensversicherungsverträgen	- 400,00 EUR bei Vermögensbeteiligungen, 20 % Arbeitnehmer-Sparzulage - 470,00 EUR für Bausparen, 9 % Arbeitnehmer-Sparzulage

Aufgabe c)

Vgl. INFO in Bausparen und Investmentzertifikate

Grundzüge des Investmentsparens: Grundidee des Investmentsparens ist es, privaten Anlegern bereits mit kleinen Beträgen eine Vermögensanlage nach dem Prinzip der Risikostreuung zu ermöglichen, die von Fachleuten erfolgsorientiert betreut und verwaltet wird.

Grundzüge des Bausparens: Sparvertrag mit einer Bausparkasse zur Erlangung eines zinsgünstigen Darlehens für den Wohnungsbau und zur Ausnutzung der Vergünstigung des Wohnungsbau-Prämiengesetzes. Gleichzeitig soll der Bausparer regelmäßig vereinbarte Sparbeiträge leisten. Mit Erfüllung bestimmter Voraussetzungen, z. B. Mindestsparbeitrag, Wartefrist sowie Erreichen der Mindestbewertungszahl, erwirbt der der Bausparer Anspruch auf die Zuteilung des Vertrages.

Aufgabe d)

- Aktienfonds: 400,00/800,00 EUR zu 20 % Arbeitnehmer-Sparzulage
- Kapitallebensversicherung: keine Sparzulage
- Spareinlage mit einjähriger Kündigungsfrist: keine Sparzulage
- Bausparen: 470,00 EUR mit 9 % Arbeitnehmer-Sparzulage

Aufgabe e)

Vgl. INFO

- Vertragsabschluss mit der Investmentgesellschaft bzw. Bausparkasse
- Mitteilung an den Arbeitgeber über den Vertragsabschluss
- Der Arbeitgeber überweist regelmäßig monatlich z. B. 40,00 EUR für Frau Meixner, maximal 470,00 EUR jährlich auf den Sparvertrag (Wertpapiersparvertrag bzw. Bausparvertrag).

Aufgabe f)
Vgl. INFO

Die Arbeitnehmer-Sparzulage wird auf Antrag des Arbeitnehmers im Rahmen seiner jährlichen Einkommensteuererklärung vom zuständigen Finanzamt festgesetzt. Der Arbeitnehmer hat den Antrag spätestens bis zum Ablauf des zweiten Kalenderjahres nach dem Kalenderjahr zu stellen, in dem die vermögenswirksamen Leistungen angelegt worden sind. Die Arbeitnehmer-Sparzulage wird fällig z. B. mit Ablauf der Bindungsfrist des Wertpapiersparvertrages oder Zuteilung des Bausparvertrages und Nutzung für wohnwirtschaftliche Zwecke.

Aufgabe g)
Vgl. INFO und § 4 Abs. 4 VermBG
- Völlige Erwerbsunfähigkeit bzw. Tod des Arbeitnehmers
- Heirat
- Arbeitslosigkeit, die seit einem Jahr andauert

Aufgabe h)
Vermögensbeteiligung
- Beteiligung der Arbeitnehmer am Produktivkapital
- Stärkung der Eigenkapitalbasis für Unternehmen durch vermögenswirksame Leistungen
- Erhöhung der Attraktivität der Anlage in Aktien bzw. aktienähnlicher Wertpapiere für Arbeitnehmer
- zusätzliche Einkommensquelle der Arbeitnehmer über Kapitalerträge

Bausparen
- Förderung der Bildung von Wohneigentum und damit Wohnraumschaffung
- Förderung der sozialen Gerechtigkeit
- Förderung der Vermögensbildung und der Altersvorsorge
- Arbeitsplatzsicherung durch Investitionen im Baugewerbe

3.6 Bausparen

Aufgabe a)
Vgl. INFO

Bausparen ist Zwecksparen, z. B. werden 40 % der Bausparsumme eingezahlt. Einhaltung einer Wartefrist von z. B. zwei Jahren. Bei Erreichen einer bestimmten Bewertungsziffer kann das zinsgünstige Bauspardarlehen beantragt werden. Der Zinssatz für das Bauspardarlehen wird bereits von vornherein im Bausparvertrag festgelegt.

Aufgabe b)
Vgl. „Die Bausparförderung im Überblick" im INFO

Aufgabe c)

Vermögenswirksame Leistungen jährlich 35,00 x 12 = 420,00 EUR darauf 9 % Arbeitnehmer-Sparzulage	37,80 EUR
Bausparprämie 10,0 % von 700,00 EUR maximal	70,00 EUR
Staatliche Sparförderung insgesamt	**107,80 EUR**

Aufgabe d)
Vgl. INFO
- Attraktive Geldanlage auf Bausparkonto
- Anspruch auf zinsgünstiges nachrangiges Bauspardarlehen

Aufgabe e)
Vgl. „Bauspartarife der Nordbank AG"
Entscheidung für Bauspartarif Classic mit einer Tilgungsdauer von 203 Monaten und einem effektiven Jahreszins von 3,95 % p.a. und einem Zins- und Tilgungsbeitrag je 1.000,00 EUR Bausparsumme in Höhe von 4,00 EUR

Aufgabe f)
- Abschluss des Bausparvertrages über 25.000 EUR
- regelmäßige Einzahlung von z. B. monatlichen Sparbeiträgen
- Die Nordbank AG stellt mit der Zuteilung die Bausparsumme (Bausparguthaben und Bauspardarlehen) bereit.
- Antrag auf Zuteilung durch den Bausparer
- wohnungswirtschaftliche Verwendung des Bauspardarlehens
- grundpfandrechtliche Absicherung des Bauspardarlehens
- personelle und materielle Kreditwürdigkeitsprüfung des Darlehensnehmers

Aufgabe g)
Monatliche Sparbeiträge von 35,00 EUR vermögenswirksame Leistungen und 100 EUR zusätzlich ergeben 135,00 EUR.
Bausparsumme = Monatliche Sparbeiträge : Regelsparbeitrag pro Monat
135 : 0,004 = 33.750,00 EUR, aufgerundet **34.000,00 EUR** Bausparsumme
Bei einer monatlichen Sparleistung von 135,00 EUR kann Frau Schierbaum einen Bausparvertrag über 34.000 EUR statt wie ursprünglich beabsichtigt von 25.000 EUR abschließen. Ihr würde dann auch ein höheres zinsgünstiges Bauspardarlehen zustehen. Für einen Bausparvertrag über 25.000,00 EUR genügt eine monatliche Einzahlung von 100,00 EUR (4 Promille von 25.000 EUR).

3.7 Eigenvorsorge nach dem Altersvermögensgesetz

Aufgabe a)
- Die Bevölkerungsstruktur entwickelt sich ungünstig, veränderte Arbeitswelt und gute medizinische Versorgung führen zu längerer Lebenserwartung, Geburtenrückgang, sodass immer weniger Erwerbstätige mehr Rentner finanzieren müssen (Vergrößerung der Versorgungslücke).
- Um dem entgegenzuwirken müssen die Beitragssätze für Erwerbstätige steigen und/oder zukünftige Renten müssen sinken und/oder die Renteneintrittszeit muss erhöht werden, z. B. Rentenalter erst ab 70 Jahre.

Aufgabe b)
- Demografischer Wandel: Einer hohe Anzahl von Rentnern stehen eine geringere Anzahl von Erwerbstätigen gegenüber.
- Versorgungslücke: Dieser Prozess kann mit der derzeitigen Reglung in der Rentenversicherung nicht finanziert werden.

Aufgabe c)
Herr und Frau Krane gehören zum geförderten Personenkreis. Sie sind sozialversicherungspflichtige/r Arbeitnehmer bzw. Angestellte im öffentlichen Dienst.

Bruttoeinkommen Frau Krane	EUR
4 % von 24.000,00 EUR	960,00
- Grundzulage	175,00
- Kinderzulage 2 Kinder	485,00
= Eigenleistung	**300,00**

Bruttoeinkommen Herr Krane	EUR
4 % von 37.000,00 EUR	1.480,00
- Grundzulage	175,00
= Eigenleistung	**1.305,00**

Aufgabe e)
- Banksparpläne,
- Investmentfondssparpläne,
- Private Rentenversicherungen,
- Fondsgebundene Lebensversicherungen,
- U.a.m.

Aufgabe f)
Voraussetzungen:
- Die Eheleute Krane gehören zum förderungsfähigen Personenkreis.

3.7 Eigenvorsorge nach dem Altersvermögensgesetz

- Die Anlage erfolgt in einem zertifizierten Altersvorsorgevertrag.
- Die Eheleute erbringen einen einkommensabhängigen Eigenbeitrag.
- Der Eigenbeitrag muss mindestens 60,00 EUR jährlich betragen.
- Die Auszahlungen dürfen nicht vor dem 62. Lebensjahr beginnen.

Aufgabe g)
Nachgelagerte Besteuerung: Während in der Ansparphase sowohl die Sparbeiträge als auch die erzielten Erträge steuerfrei sind, ist die spätere Rente aus der staatlich geförderten Eigenvorsorge voll steuerpflichtig.

Aufgabe h)
- Der Bausparzinssatz ist von vornherein festgelegt und ist unabhängig von dem Kapitalmarktzins.
- Bausparverträge werden staatlich gefördert, 9 % Arbeitnehmer-Sparzulage für jährlich 470,00 EUR je Arbeitnehmer sowie 10,0 % Bausparprämie für maximal 700,00/1.400,00 EUR jährlich für Ledige/Verheiratete
- Der Bausparvertrag kann auch als Altersvorsorgeprodukt eingesetzt werden. Die Sparbeiträge und die staatlichen Zulagen erhöhen in der Ansparphase das Bausparguthaben; in der Darlehensphase tilgt das Ehepaar Krane den Kredit.
- Vorfinanzierungsdarlehen als Altersvorsorgeprodukt: Es ist eine Kombination von Vorausdarlehen und Bausparvertrag. Das tilgungsfreie Vorfinanzierungsdarlehen dient zum Ansparen eines Bausparvertrages. Bei Zuteilung des Bausparvertrages wird das Vorfinanzierungsdarlehen getilgt. Die Sparbeiträge und staatlichen Zulagen erhöhen in der Ansparphase das Bausparguthaben; in der Darlehensphase tilgt das Ehepaar Krane den Kredit.
- Das Darlehen muss allerdings bis zur Vollendung des 68. Lebensjahres getilgt sein.

Aufgabe i)
Frau Krane sollte einen Bausparvertrag über 20.000,00 EUR abschließen.

Rechenweg:

Jährliche Einzahlung von Frau Krane in den Bausparvertrag (einschließlich Grund- und Kinderzulage) 960,00 EUR

Monatlicher Einzahlungsbetrag: 960,00 EUR : 12 = 80,00 EUR

80,00 EUR = 4 Promille der Bausparsumme

20,00 EUR = 1 Promille der Bausparsumme

Aufgabe j)
- Der Sparanteil wird in Investmentanteilen angelegt.
- Die Fondsanteile werden jedem Versicherten direkt zugeordnet (Sondervermögen)
- keine Garantieverzinsung aufgrund der Kursrisiken
- Indexgebundene Versicherungen orientieren ihre Gewinnzusagen an einem Referenzindex (z. B. DAX).
- Vorteil: ggf. höhere Ablaufleistungen

Aufgabe k)

Die staatlichen Zulagen sind beim Anbieter des Altersvorsorgesparplanes zu beantragen, der den Antrag an die Zulagestelle für Altersvermögen (ZfA) weiterleitet. Diese überweist die Zulage auf das Anlagekonto des Anlegers, hier Frau und Herrn Krane.

- Bei einem Dauerzulagenantrag bevollmächtigt der Anleger den Anbieter zur jährlichen Antragstellung, sodass Herr und Frau Krane selbst keinen Antrag stellen müssen. Die Eheleute sind jedoch verpflichtet, alle Änderungen, die sich auf die Höhe der Zulagen auswirken können, (z. B. Streichung des Kindergeldes), unverzüglich dem Anbieter mitzuteilen.
- Zur Feststellung des auf den Vertrag einzuzahlenden Gesamtbeitrages fragt die zentrale Zulagestelle (ZfA) direkt beim Rentenversicherungsträger das sozialversicherungspflichtige Einkommen der Eheleute ab.

Aufgabe l1)

- Verfügungen (Auszahlungen) dürfen nicht vor dem 62. Lebensjahr beginnen.
- Zu Beginn der Auszahlungsphase muss mindestens das eingezahlte Kapital einschließlich der staatlichen Zulagen zur Verfügung stehen (Kapitalgarantie).
- Die Auszahlung erfolgt grundsätzlich als lebenslange Leibrente (Kapitalverrentung).
- Bis zu 30 % des bei Rentenbeginn zur Verfügung stehenden Kapitals kann sich der Anleger jedoch zu Beginn der Auszahlungsphase direkt auszahlen lassen.

Aufgabe l2)

zulagenschädliche Verwendung des Altersvorsorgevertrages:

- Außerplanmäßige Verfügungen vor oder nach Rentenbeginn: Altersvorsorgevertrages während der Erwerbstätigkeit:

Ausnahme: Entnahme zur Finanzierung von Wohneigentum

- Auszahlungen an Erben oder an die im Todesfall bezugsberechtigte Person
- Verlagerung des Wohnsitzes in ein Land außerhalb der EU und der Staaten des EWR-Abkommens (Lichtenstein, Island, Norwegen)

Aufgabe m)

Bei förderschädlichen Verfügungen sind alle Zulagen und Steuervorteile zurückzuzahlen. Zudem sind die im Auszahlungsbetrag enthaltenen Erträge zu versteuern.

3.8 Versicherungssparen

Aufgabe a)

Vgl. „Der Versicherungsvertrag" im INFO

Ziele des Versicherungssparens:

- Absicherung des Todesfallrisikos für die Hinterbliebenen
- Abdeckung der durch Unfall entstehenden Kosten der Rehabilitation u. ä.
- Schutz vor Berufsunfähigkeitsrisiken

3.8 Versicherungssparen

- Ansparen der Ausbildungskosten und Absicherung bei Ausfall des Versicherungsnehmers durch Todesfall
- Absicherung von Kredit finanzierten Investitionen, z. B. Bauvorhaben

Aufgabe b)

Vgl. „Abschluss des Vertrags" im INFO
- Risikobeitrag
- Verzinslicher Sparanteil
- Kostenbeitrag

Aufgabe c)

Vgl. „Abschluss des Vertrags" im INFO
- Die Versicherungssumme ist die vereinbarte Summe, die nach Ablauf des Versicherungsvertrages oder bei Eintritt des Versicherungsfalles fällig wird.
- Die Ablaufleistung enthält neben der versprochenen Verzinsung noch Ertragsanteile (Überschussanteile), die die Versicherungsgesellschaft an die Versicherten ausschütten muss.

Aufgabe d)

Vgl. „Rückkaufswert" im INFO

Wird eine Kapitallebensversicherung vorzeitig aufgelöst, erhält der Versicherungsnehmer den Rückkaufswert (Deckungskapital einschließlich Überschussbeteiligungen abzüglich eines Abschlags) ausgezahlt.

Aufgabe e)

Vgl. „Rückkaufswert" im INFO

Der Rückkaufswert (Zeitwert) gibt den Betrag an, der dem Versicherungsnehmer bei vorzeitiger Kündigung ausgezahlt wird. Bei einer vorzeitigen Kündigung erhält der Versicherungsnehmer unter Berücksichtigung der Abschlusskosten sein Deckungskapital bestehend aus den verzinsten Sparanteilen seiner Einzahlungen zuzüglich der bisher angefallenen Überschussbeteiligung. Der Rückkaufswert ist in den ersten Versicherungsjahren relativ niedrig. Der Rückkaufswert bestimmt auch den Beleihungswert für die Beleihung einer Lebensversicherung.

Lebensversicherungen haben lange Laufzeiten. Der Versicherungsbeitrag ist für die gesamte Laufzeit fest vereinbart. Da eine Beitragserhöhung während der Vertragslaufzeit nicht möglich ist, wird der Versicherungsbeitrag mit Sicherheitszuschlägen kalkuliert. Auch die rechnerischen Grundlagen, mit denen die Beiträge kalkuliert wurden, können sich stark verändern. In der Regel wird bei der Anlage der Sparanteile ein höherer Zins als der rechnerisch kalkulierte erzielt. Weitere Gewinne ergeben sich durch eine vorsichtige Kalkulation des Sterblichkeitsrisikos und der Kosten. Die Gewinne werden nicht laufend ausgeschüttet, sondern in eine Gewinnreserve eingestellt und bei Fälligkeit der Versicherungsleistung ausgezahlt. Überschussbeteiligungen werden auch bei vorzeitigem Rückkauf berücksichtigt.

Aufgabe f1)

Einkommensteuerliche Behandlung von Kapitallebensversicherungen:

Der Ertrag einer Kapitallebensversicherung ist die Differenz zwischen der Versicherungsleistung (Ablaufleistung) und den eingezahlten Beiträgen. Man unterscheidet zwischen steuerlich begünstigten und nicht begünstigten Kapitallebensversicherungen.

Voraussetzungen für die steuerliche Begünstigung von Kapitallebensversicherungen:

- Auszahlung der Versicherungsleistung nach Vollendung des 62. Lebensjahres
- Vertragslaufzeit mindestens zwölf Jahre
- Todesfallschutz mindestens 50 % der Beitragssumme
- Der Ertrag aus einer steuerlich begünstigten Versicherung ist nur zur Hälfte mit dem persönlichen Einkommensteuersatz zu versteuern. Die gezahlte Kapitalertragsteuer ist eine Vorauszahlung auf die Einkommensteuer.
- Bei einer steuerlich nicht begünstigten Kapitallebensversicherung unterliegt der gesamte Ertrag einer Abgeltungsteuer von 25 % zuzüglich 5,5 % Solidaritätszuschlag. Bei der Auszahlung der Versicherungsleistung führt die Versicherung stets 25 % Kapitalertragsteuer zuzüglich 5,5 % Solidaritätszuschlag von dem Gesamtertrag an das Finanzamt ab.
- Die Erträge aus einer Kapitallebensversicherung bleiben im Todesfall einkommensteuerfrei.

Verrentung der Kapitallebensversicherungsansprüche:

Eine Verrentung der Ablaufleistung gilt als Verfügung. Die Differenz zwischen Versicherungsleistung und den eingezahlten Beiträgen ist zu versteuern. Die Rentenzahlungen werden mit dem Ertragsanteil versteuert.

Aufgabe f2)

Ermittlung des Ertrages:

Versicherungsleistung =	35.000,00 EUR
- eingezahlte Beiträge (100 x 12 x 20) =	24.000,00 EUR
Gesamtertrag =	11.000,00 EUR

Ermittlung des Auszahlungsbetrages:

Versicherungsleistung =	35.000,00 EUR
- 25 % KESt von 11.000,00 EUR =	2.750,00 EUR
- 5,5 % SolZ von der KESt =	151,25 EUR
Auszahlungsbetrag =	32.148,75 EUR

Aufgabe f3)

Die Steuervorauszahlung beträgt nach der Auszahlung der Versicherungssumme (siehe f2) 2.750,00 + 151,25 EUR = 2.901,25 EUR.

Der steuerpflichtige Ertrag beträgt 5.500,00 EUR. Bei einem persönlichen Einkommensteuersatz von 32 % ergibt sich eine Steuerschuld von

(5500 x 32) : 100 =	1.760,00 EUR
Zuzüglich 5,5 % SolZ von 1.760,00 =	96,80 EUR
Summe der Steuerschuld:	1.856,80 EUR
Steuervorauszahlung	2.901,25 EUR

3.8 Versicherungssparen

Steuerschuld   1.856,80 EUR
Steuererstattung = 1.044,45 EUR

Aufgabe g)
Vgl. INFO

Vorteile	Nachteile
- Absicherung der Familie im Todesfall	- lange Laufzeiten
- hohe Ablaufleistung durch Überschussbeteiligung	- Bei vorzeitiger Kündigung erhält der Versicherte nur den Rückkaufswert.
- Sicherung des Lebensstandards im Alter und für den Fall der Berufs- und Erwerbsunfähigkeit	- Die Ablaufleistung ist nicht bekannt.
- Steuervorteile	- Evtl. sind die Renditen niedriger als bei anderen Anlageformen.
- Anlage der vermögenswirksamen Leistungen (keine Arbeitnehmer-Sparzulage)	Als Alternative kann der Abschluss einer preiswerten Risiko-Lebensversicherung in Verbindung mit einem Bank- oder Fondssparplan empfohlen werden.
- Darlehenssicherung und -tilgung	

4 Kreditgeschäft Teil 1

4.1 Kreditfähigkeit und Kreditwürdigkeit

Lernsituation 1

Aufgabe a)

Aktueller Personalausweis bzw. amtlich gültiger Lichtbildausweis des Vertretungsberechtigten

Aufgabe b)

Das BGB unterscheidet zwischen

- Unbeschränkt Geschäftsfähigen Kreditnehmern
- Beschränkt geschäftsfähigen Kreditnehmern und
- Geschäftsunfähigen Kreditnehmern.

Unbeschränkt geschäftsfähige Personen (ab 18 Jahre) können allein Kreditverträge rechtswirksam abschließen.

Beschränkt geschäftsfähige Personen (7 bis 18 Jahre) können Kreditverträge nur mit Zustimmung der gesetzlichen Vertreter und mit Genehmigung des Familiengerichts rechtswirksam abschließen.

Geschäftsunfähige Personen (bis 7 Jahre) können keine Kreditverträge rechtswirksam abschließen. Die gesetzlichen Vertreter müssen den Kreditvertrag für den Geschäftsunfähigen abschließen. Zudem ist die Genehmigung des Vertrages durch das Familiengericht notwendig, wenn eine Person für geschäftsunfähig erklärt worden ist.

Aufgabe c)

Herr Ulmbauer ist beschränkt geschäftsfähig und benötigt daher die Zustimmung seiner gesetzlichen Vertreter und die Genehmigung des Familiengerichts.

Aufgabe d)

Neben der Prüfung der Kreditfähigkeit durch die Vorlage der amtlich gültigen Lichtbildausweise des Kreditnehmers, seiner gesetzlichen Vertreter und die Genehmigungsurkunde des Familiengerichts muss die Nordbank die materielle und persönliche Kreditwürdigkeit des Kreditnehmers prüfen.

Aufgabe e)

Bei der persönlichen Kreditwürdigkeitsprüfung müssen die persönlichen Verhältnisse von Herrn Ulmbauer und seine Vertrauenswürdigkeit beurteilt werden.

Kriterien für die persönlichen Verhältnisse sind: Familienstand, Kinder, berufliche Stellung, Dauer des Arbeitsverhältnisses, ordnungsgemäße Erfüllung bisheriger Verpflichtungen.

Unterlagen nach §§ 505 b BGB: Selbstauskunft, Kontounterlagen, Schufaauskunft, Arbeitsverträge und ggfs. Bankauskünfte von anderen Kreditinstituten.

Bei der materiellen Kreditwürdigkeitsprüfung müssen die wirtschaftlichen Verhältnisse von Herrn Ulmbauer beurteilt werden.

1) Kriterien: Ermittlung des frei verfügbaren Resteinkommens.

Unterlagen: Gehaltsnachweise der letzten drei Monate, Selbstauskunft, Haushaltsrechnung mit einer Gegenüberstellung der monatlichen Einnahmen und Ausgaben, Kontounterlagen.

2) Kriterien: Vermögen

Unterlagen: Konto- und Depotunterlagen, ggf. Nachweise von Guthaben und Depotbeständen bei anderen Kreditinstituten, ggf. Grundbuchauszug

Aufgabe f)

Wichtige Inhalte, die im Kreditgespräch angesprochen werden müssen:
- Höhe und Verwendungszweck des Kredits,
- Zeitpunkt der Bereitstellung,
- Laufzeit des Kredits,
- Rückzahlung des Kredits,
- mögliche Kreditsicherheiten,
- Einwilligung zur Einholung einer Schufa-Auskunft,
- Abschluss einer Restschuldversicherung.
- Informationen zur Widerrufsbelehrung

Lernsituation 2
Score: 66, 1: 20; 2: 5; 3: 6; 4: 30; 5: 0; 6: 0; 7: 5; 8: 0

4.2 Verbraucherdarlehen

Aufgabe a)

Grund: Kreditwürdigkeitsprüfung

- SCHUFA-Auskunft

- Selbstauskunft

- Kontoführung

- Einsichtnahme in Arbeitsverträge (Art der Arbeitsverträge: Zeitarbeitsverträge befristet oder unbefristet; Art des Arbeitsverhältnisses: Angestellte/r, Beamter, Selbstständiger)

- Kreditscoring

Aufgabe b)

Der Verbraucherdarlehensvertrag muss klar und verständlich folgende Angaben nach Art. 247 EGBGB § 6 enthalten:
- den Namen und die Anschrift des Darlehensgebers,
- die Art des Darlehens,

4.2 Verbraucherdarlehen

- den effektiven Jahreszins,
- den Nettodarlehensbetrag,
- den Sollzinssatz,
- die Vertragslaufzeit,
- Betrag, Zahl und Fälligkeit der einzelnen Teilzahlungen,
- den Gesamtbetrag,
- die Auszahlungsbedingungen,
- alle sonstigen Kosten,
- den Verzugszinssatz ...
- einen Warnhinweis zu den Folgen ausbleibender Zahlungen,
- das Bestehen ... eines Widerrufsrechts,
- das Recht des Darlehensnehmers, das Darlehen vorzeitig zurückzuzahlen ...

Aufgabe c)
- Gehaltsabtretung
- Abtretung der Rechte aus einer Kapitallebensversicherung
- Verpfändung von Kontoguthaben
- Bürgschaft bzw. Mitantragstellung des Ehegatten

Aufgabe d)
Die Gehaltsabtretung ist aus der Sicht der Nordbank AG am einfachsten durchzuführen. Zusätzlich wird der Kreditantrag von beiden Ehepartnern unterschrieben (Mitantragstellung). Ggf. könnte die Kapitallebensversicherung als Sicherheit herangezogen werden, wenn der Rückkaufswert ausreichend ist.

Aufgabe e)
Nach Art. 247 EGBGB enthält der vorliegende Kreditvertrag folgende Angaben:

Nettodarlehensbetrag: 15.000,00 EUR

Gesamtbetrag aller Kosten: fehlt

Art und Weise der Rückzahlung: Monatsrate 381,00 EUR

Effektivzinssatz: 9,13 %

Kosten der Restschuldversicherung: 1,85 % vom Kreditbetrag

Es fehlen noch einige Angaben, z. B. Sicherheiten und Hinweis auf Widerrufsbelehrung.

Aufgabe f)
Vor Vertragsabschluss muss die Nordbank AG das Ehepaar über sein Widerrufsrecht informieren und zwar ab wann und wie lange das Widerrufsrecht beginnt (14 Tage nach Vertragsschluss) und spätestens endet (1 Jahr und 14 Tage) und welche Folgen der Widerruf für das Ehepaar mit sich bringt.

Aufgabe g)
Nach § 500 BGB hat der Darlehensnehmer ein Kündigungsrecht, muss aber, sofern darauf hingewiesen, eine Vorfälligkeitsentschädigung zahlen.

4.3 Sicherheiten bei Privatkundenkrediten

Lernsituation 1

Aufgabe a)
Vgl. § 765 BGB

In der Bürgschaft verpflichtet sich der Bürge Jürgen Bilfinger gegenüber der Nordbank AG, für die Verbindlichkeiten des Kreditnehmers Rolf Bilfinger einzustehen (einseitig verpflichtender Vertrag).

siehe auch die folgende Skizze:

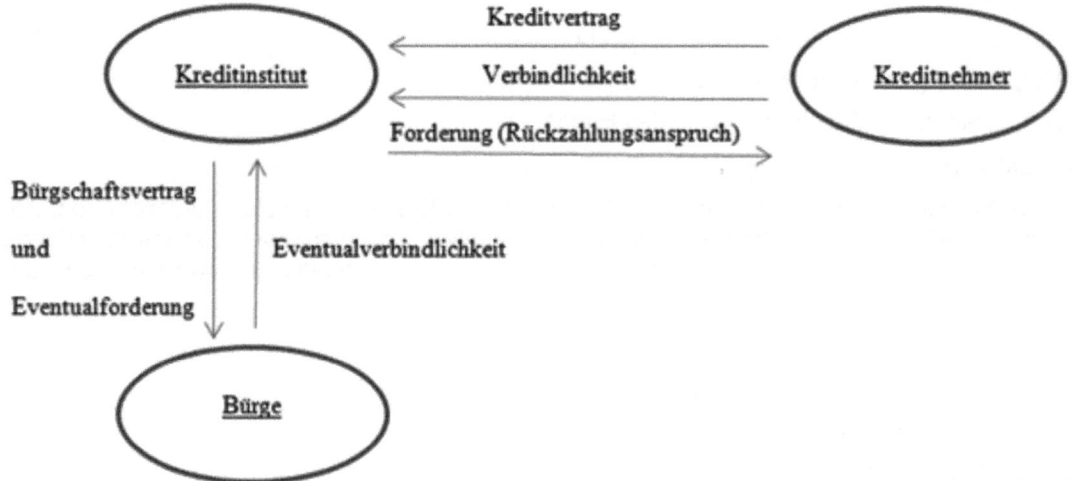

Aufgabe b)
- Jürgen Bilfinger übernimmt als Bürge die Hauptschuld, wenn sein Bruder den Kredit nicht mehr zurückzahlen kann.
- Die Nordbank AG übernimmt keine Verpflichtungen.

Aufgabe c)
- Die Bürgschaft erlischt mit der Rückzahlung des Kredits von Rolf Bilfinger.
- Außerdem kann sie erlöschen, wenn sie zeitlich befristet war und die Bürgschaftsfrist abgelaufen ist und die Nordbank AG den Einzug der Forderung nicht unverzüglich betreibt.

4.3 Sicherheiten bei Privatkundenkrediten

- Die Bürgschaft erlischt auch, wenn die Nordbank AG ein die Hauptschuld sicherndes Recht ohne Zustimmung von Jürgen Bilfinger aufgibt.

Lernsituation 2

Aufgabe a)

Vgl. §§ 1273 und 1274 BGB

Einigung über die Entstehung des Pfandrechts zwischen den Eltern von Frau Wilde und der Nordbank AG und Pfandanzeige an die Unionbank AG

Aufgabe b)
- Aus Sicherheitsgründen wird das Sparbuch der Nordbank AG übergeben.
- Ein Sperrvermerk im Sparbuch wäre ebenfalls aus Sicherheitsgründen zulässig.

Aufgabe c)

In diesem Fall wäre die Nordbank AG Gläubigerin und Schuldnerin der Spareinlage, vgl. §§ 398 und 399 BGB.

Lernsituation 3

Aufgabe a)

Einigung über die Abtretung der Gehaltsforderung zwischen Herrn Steiner und der Nordbank AG. Die Nordbank AG wird rechtliche Gläubigerin der Forderung, Herr Steiner bleibt wirtschaftlicher Gläubiger der Forderung. Die Gehaltsabtretung ist allerdings nur auf den pfändbaren Teil des Gehalts begrenzt.

Aufgabe b)

Die Gehaltsabtretung wird i. d. R. still abgetreten. Eine Offenlegung erfolgt nur aus wichtigem Grund, z. B. Verzug mit zwei Monatsraten und nach Androhung und Ablauf einer angemessenen Nachfrist.

Aufgabe c)

2.140,00 EUR – 1.499,99 EUR = 640,01 EUR

Lernsituation 4

Aufgabe a)

Einigung zwischen Herrn Ehring und der Nordbank AG über den Eigentumsübergang und Besitzkonstitut nach § 930 BGB.

Im Außenverhältnis erwirbt die Nordbank AG das uneingeschränkte rechtliche Eigentum an dem Pkw. Im Innenverhältnis ist eine Sicherungszweckerklärung festzulegen, unter welchen Voraussetzungen die Nordbank AG das Sicherungsgut verwerten darf.

Aufgabe b)

Aus Sicherheitsgründen wird die Zulassungsbescheinigung II der Nordbank AG übergeben. Dadurch soll ein gutgläubiger Erwerb des Fahrzeugs durch einen Dritten verhindert werden.

Aufgabe c)
Der Verwaltungsaufwand ist geringer. Die Zulassungsbescheinigung II müsste von der Nordbank AG verwahrt werden. Der Zustand des Pkw müsste regelmäßig überprüft werden usw.

4.4 Mietaval und Mietkaution

Aufgabe a)
Bei dem zu Grunde liegenden Mietaval handelt es sich um eine Form der Kreditleihe. Die Nordbank AG gibt im Auftrag von Frau Sanders eine Bürgschaftserklärung zu Gunsten der NordImmobilien AG (Vermieterin) ab. Die Nordbank AG wird auf erstes Anfordern der NordImmobilien AG Zahlung leisten, sofern diese versichert, dass Frau Sanders ihren vertraglichen Verpflichtungen aus dem Mietverhältnis nicht nachgekommen ist.

Aufgabe b)
- Zwischen Frau Sanders (Kreditnehmerin) und der Nordbank AG (Kreditgeberin) wurde ein Avalkreditvertrag geschlossen.
- Zwischen Frau Sanders (Mieterin) und der NordImmobilien AG (Vermieterin) besteht ein Mietverhältnis.
- Zwischen der Nordbank AG (Bürgin) und der NordImmobilien AG (Bürgschaftsnehmerin) besteht ein Bürgschaftsvertrag.

Aufgabe c)
Die Berechnung der Avalprovision lässt sich über die der Nordbank AG entstehenden Betriebskosten (Kreditwürdigkeitsprüfung, Kreditbearbeitung, Ausfertigung der Bürgschaftsurkunde) und Wertkosten der Kreditgewährung (Pauschalwertberichtigung) begründen.

Aufgabe d)
- Zwischen Frau Sanders (Mieterin) und der NordImmobilien AG (Vermieterin) besteht ein Mietverhältnis.
- Zwischen der NordImmobilien AG (Gläubigerin und der Nordbank AG (Schuldnerin) wird ein Sparvertrag abgeschlossen.
- Mit der Überweisung der Mietkaution durch Frau Sanders entsteht eine Forderung zwischen ihr und der Nordimmobilien AG.

Aufgabe e)
Das zwischen der NordImmobilien AG und Frau Sanders bestehende Treuhandverhältnis wird durch Kennzeichnung des Sparkontos als Mietkautionskonto kenntlich gemacht.

Aufgabe f)

Mietaval	Mietkautionskonto
- Avalprovision in geringer Höhe - Die Liquidität kann für andere Zwecke eingesetzt werden.	- Vereinnahmung von Sparzinsen - Liquiditätsentzug für die Dauer des Mietverhältnisses

Prüfungsteil B

5. Geldanlage in Wertpapieren

5.1 Gläubigereffekten

5.1.1 Inhaberschuldverschreibungen

Aufgabe a)

4,25 % auf nominal 10.000,00 EUR = **425,00 EUR**

Aufgabe b)

Nominal 10.000,00 EUR Emissionskurs 100,25 % = **10.025,00 EUR**

Aufgabe c)

Jährlich nachträglich

Erste Zinszahlung: nach dem ersten Laufzeitjahr am 5. Januar

Aufgabe d)

- Wertpapierabrechnung
- Depotauszug

Aufgabe e)

Ab 01.04. des ersten Laufzeitjahres Börsenhandel, ab diesem Zeitpunkt dann börsentäglich zum Börsenkurs

5.1.2 Bundeswertpapiere

Aufgabe a)

	Bundesschatzanweisung	Bundesanleihe	Bundesobligation
Liquidität	Börsenhandel	Börsenhandel	Börsenhandel
Stückelung	ab 0,01 EUR	ab 0,01 EUR	ab 0,01 EUR
Mindestauftragsgröße	keine	keine	ab 110,00 EUR
Zinszahlung	jährlich nachträglich	fester Zinssatz: jährlich nachträglich	jährlich nachträglich
Laufzeit	2 Jahre	7 bis 30 Jahre	4 bis 7 Jahre

	Bundesschatzanweisung	Bundesanleihe	Bundesobligation
Rückzahlung	100 % zum Nennwert am Ende der Laufzeit	100 % Nennwert am Ende der Laufzeit	100 % zum Nennwert am Ende der Laufzeit
Kosten und Gebühren durch die Depotbank	Depotgebühren	Depotgebühren	Depotgebühren

Aufgabe b1)

Emittentenrisiko: erstklassige Bonität bei Bundeswertpapieren

Aufgabe b2)

Kursrisiko bei Zinsänderung: Sinkt der Emissionszins, steigen die Kurse umlaufender Bundeswertpapiere und umgekehrt.

Aufgabe c)

- Nominalverzinsung: Verzinsung auf einen Nominalbetrag von 100,00 EUR, z. B. 3 % R
- Variable Verzinsung: Der Zinssatz kann sich während der Laufzeit der Anleihe je nach Kapitalmarktlage nach oben oder unten verändern.
- Rendite oder effektive Verzinsung: Die Rendite ist die durchschnittliche jährliche Verzinsung bezogen auf das eingesetzte Kapital. Neben dem jährlichen Nominalzins werden auch jährliche Kursgewinne/Kursverluste in Relation zum eingesetzten Kapital gesetzt.

Aufgabe d)

Inflationsindexierte Bundesanleihe:

Seit einigen Jahren emittiert der Bund an den Preisindex gebundene Anleihen. Grundlage und zugleich Referenzzins für die Zinszahlung und den Rückzahlungsbetrag ist der „unrevidierte, harmonisierte Verbraucherpreisindex der Eurozone". Mit dieser Anleihe sichert sich der Käufer die Realwerterhaltung des eingesetzten Kapitals. Der Inflationsschutz kostet allerdings Rendite, da die Ausgaberendite nicht einmal die Hälfte der Rendite der „normalen" Bundesanleihe beträgt. Die Rendite ist dann attraktiv, wenn die Inflationsrate entsprechend steigt.

Aufgabe e)

Kaufabrechnung:

Kurswert 103,50 %	31.050,00 EUR
+ 0,25 % Stückzinsen für 263 Zinstage (30.000 x 0,25 x 263) : (100 x 365)	54,04 EUR
+ 0,5 % vom Kurswert	155,25 EUR
+ 0,75 Promille Courtage vom Nennwert	22,50 EUR
Belastungswert 09.05.20..	**31.281,79 EUR**

Aufgabe f)

09.05.20.. (Dienstag)

5.1 Gläubigereffekten

Aufgabe g)

Zinsen am 29.8.20.. (0,25 % von 30.000,00)	75,00 EUR
./. 25 % Abgeltungsteuer	18,75 EUR
./. SolZ von 5,5 % auf Abgeltungsteuer	1,03 EUR
Zinsertrag	**55,22 EUR**

Aufgabe h)

Stripping:

Für die zehn- und dreißigjährigen Bundesanleihen ist die Möglichkeit des Stripping gegeben. Unter Stripping einer Anleihe versteht man das Trennen von Kapitalbetrag (Mantel) und Zinsansprüchen (Kupons). So können Anleihe und Zinskupons separat gehandelt werden. Der Kapitalbetrag (Mantel) stellt dadurch eine Nullkuponanleihe (Zerobonds) mit unterschiedlichen Restlaufzeiten dar. Der Mindestbetrag beträgt 50.000,00 EUR.

Die Bestandteile einer dreißigjährigen Bundesanleihe nach dem Stripping:
- Kupons und Schuldurkunde (Mantel) werden zerlegt.
- Der Mantel wird als Null-Kuponanleihe in 30 Jahren fällig (Kapital-Strip oder Anleihe ex, also ohne die Kupons). Man erkennt dieses im Kursteil der Tageszeitung durch den Kurszusatz „ex".
- Die 30 Kupons (Zins-Strips) haben als Nullkuponanleihen Laufzeiten von einem Jahr bis zu 30 Jahren.

Aufgabe i)

Bedeutung von Stripping für den Anleger:

Im Vergleich zu kupontragenden Anleihen haben die durch das Strippen entstehenden Nullkuponanleihen den Vorteil, dass sich das Problem der Wiederanlage von Zinszahlungen und damit nicht bekannten Zinssätzen und Renditen nicht stellt.

5.1.3 Stückzinsberechnung

Aufgabe a)

09.10.20.. (Montag)

Aufgabe b)

Zinsvaluta: 08.10.20..

Anlagebetrag	25.000,00 EUR
Stückzinsen für 69 Tage (25000 x 0,35 x 69) : (100 x 365)	**16,54 EUR**

Aufgabe c)

Bruttozinsen	16,54 EUR
- 25 % Abgeltungsteuer	4,14 EUR
- 5,5 % SolZ auf Abgeltungsteuer	0,23 EUR
= Gutschrift der Zinsen	**12,17 EUR**

Aufgabe d)

Anlagebetrag Kurswert 100,50 %	25.125,00 EUR
- 0,5 % Provision	125,63 EUR
- Maklergebühr 0,075 %	18,84 EUR
= Zwischensumme	24.980,53 EUR
+ Zinsen	12,17 EUR
= Gesamtgutschrift	**24.992,70 EUR**

5.1.4 Pfandbriefe

Aufgabe a)

Sicherheit: Grundpfandrechtlich gesichert

Liquidität: Börsenhandel, die Pfandbriefe können börsentäglich im Börsenhandel verkauft werden.

Aufgabe b)

Der Kursanstieg begründet sich mit einem steigenden Zinsniveau am Kapitalmarkt während der Laufzeit.

Aufgabe c)

Der Bruttozinsertrag wird noch um die Abgeltungsteuer von 25 % und 5,5 % Solidaritätszuschlag auf die Abgeltungssteuer gekürzt.

Aufgabe d)

Da die Stückzinsen beim Kauf der Pfandbriefe vom Käufer vorgestreckt werden müssen, aber erst am nächsten Zinstermin insgesamt vereinnahmt werden, werden die gezahlten Stückzinsen im allgemeinen Verrechnungstopf vorgemerkt. Sie können dann mit z. B. eingenommenen Zinserträgen verrechnet werden.

Aufgabe e)

Bei depotverwahrten Wertpapieren werden die Zinsen automatisch am Zinstermin dem jeweiligen Konto gutgeschrieben.

Aufgabe f)

- Bei Zins-, Renten- und Gewinnanteilscheinen beträgt die Vorlegungsfrist 4 Jahre. Die Frist beginnt mit dem Schluss des Jahres, in welchem die für die Leistung bestimmte Zeit eintritt.
- Rückzahlungsansprüche verjähren nach 30 Jahren. Danach können die Ansprüche nicht mehr geltend gemacht werden.

Aufgabe g)

Zinsen: Letzter Vorlegungstag für den letzten Zinstermin am 01. August 2024 ist der 31.12.2028.

Rückzahlung: Letzter Vorlegungstag für die Rückzahlung ist der 31.07.2060.

5.1 Gläubigereffekten

Aufgabe h)

Rückzahlung: Erfolgt die Vorlegung, so verjährt der Anspruch in zwei Jahren von dem Ende der Vorlegungsfrist an.

5.1.5 Floating Rate Notes (Floater)

Aufgabe a)

Floater: Bei Floating Rate Notes gibt es während der gesamten Laufzeit eine variable Verzinsung, dagegen feste Verzinsung bei Bundesanleihen.
Bei den Floaters orientiert sich die Verzinsung am Geldmarkt, bei Bundesanleihen orientiert sich die Verzinsung dagegen im Zeitpunkt der Emission am Kapitalmarkt.
Unterjährige Zinszahlung bei Floaters, dagegen jährliche Zinszahlung bei Bundesanleihen.

Aufgabe b)

Die aufgezeigten Ratings der unabhängigen amerikanischen Agenturen Moody`s und Standard & Poor`s dokumentieren eine sehr gute Bonität der Emittenten. Die Bundesrepublik Deutschland weist mit „Aaa" und „AAA" die beste Bonität als Staatsschuldner auf.

Aufgabe c)

- Häufigkeit der Zinsanpassung
- Referenzzinssatz
- Spread (Abschlag/Aufschlag auf den Referenzzinssatz)
- Laufzeit
- Veränderung der Rating-Einschätzung
- Eventuell Kündigungsrecht des Emittenten

Aufgabe d)

Bei Floating Rate Notes ist keine Renditeangabe möglich, da die Höhe der Zinsen der Papiere in der Zukunft nicht feststeht.

Aufgabe e)

Bei Floating Rate Notes bleibt der Kurs zumindest an den Zinsterminen bei 100 %.
Bei börsennotierten Bundesanleihen sinkt der Kurs, da neu emittierte konkurrierende Wertpapiere mit besseren Konditionen, z. B. einem höheren Zinssatz, ausgestattet werden.

Aufgabe f)

Bei steigendem Zinsniveau am Kapitalmarkt sinken die Kurse der im Umlauf befindlichen Wertpapiere und umgekehrt.

5.2 Teilhabereffekten

5.2.1 Aktie

Aufgabe a)

Vgl. „Aktienarten" im INFO
- Stammaktien als Inhaberaktien
- Berichtigungsaktien
- Vorzugsaktien
- Namensaktien
- junge oder neue Aktien
- vinkulierte Namensaktien

Aufgabe b)

Vgl. „Rechte der Aktionäre" im INFO
- Teilnahmerecht an der Hauptversammlung
- Stimmrecht in der Hauptversammlung
- Dividendenrecht
- Auskunftsrecht
- Bezugsrecht z. B. auf junge Aktien
- Teilnahme am Liquidationserlös

Aufgabe c)

Vgl. „Dividenden auf Rekordniveau" im INFO
- Der Liquiditätsanstieg stabilisiert den Aktienmarkt.
- Der Liquiditätsanstieg fördert Aktienrückkäufe der Aktiengesellschaften.
- Der Liquiditätsanstieg hat einen positiven Effekt auf den Aktienkurs kurz vor Auftakt der Dividendensaison.

Aufgabe d)
- Ertragsmotiv
- Sachwertmotiv
- Spekulationsmotiv
- Mitsprachemotiv

Aufgabe e)

Zur stimmberechtigten Teilnahme an der Hauptversammlung sind diejenigen Aktionäre berechtigt, die im Aktienregister als Aktionäre der Gesellschaft eingetragen und rechtzeitig angemeldet sind. Die Anmeldung musste spätestens bis Mittwoch 25. Januar 20.. bei der Gesellschaft eingegangen sein.

Aufgabe f)

Nach § 118 a Aktiengesetz muss die Satzung der Siemens AG mit einer ¾-Mehrheit geändert werden und die Regelung muss für fünf Jahre befristet sein. Eine Satzungsänderung bedarf stets einer ¾-Mehrheit des anwesenden Aktienkapitals einer Gesellschaft. Satzungsänderungen sind auch Kapitalerhöhungen und Aktienrückkäufe.

Aufgabe g)

12.05.20.. (Freitag) ist die Geldvaluta

5.2.2 Bezugsrechte

Aufgabe a)

Vgl. „Rechnen mit Bezugsrechten" im INFO

13 Mio. (Betrag der Kapitalerhöhung) : 65 Mio. (Altes Grundkapital) = Bezugsverhältnis = **1 : 5**

Aufgabe b)

Vgl. „Rechnen mit Bezugsrechten" im INFO

Rechnerischer Wert des Bezugsrechts = (83 EUR - 50 EUR) : (1/5 + 1) = **27,50 EUR**

Aufgabe c)

15.05.20..

Vgl. § 6 Abs. 2 Geschäftsbedingungen der Frankfurter Wertpapierbörse im INFO

Aufgabe d)

- Kapitalerhöhung gegen Bareinlagen: Das Grundkapital wird mit Mitteln der Aktionäre erhöht. Die Altaktionäre können im Rahmen ihrer Bezugsrechte junge Aktien erwerben.
- Kapitalerhöhung aus Gesellschaftsmitteln: Rücklagen der AG werden in Grundkapital umgewandelt. Die Altaktionäre erhalten im Verhältnis ihrer Aktien neue Aktien dazu, ohne eigene Mittel aufzuwenden.

Aufgabe e)

Die Hauptversammlung kann eine Neueinteilung des Grundkapitals durch die Ausgabe neuer Aktien (Aktiensplit) beschließen. Ein Aktiensplit wird in erster Linie bei nennwertlosen Stückaktien durchgeführt. Der auf die einzelne Aktie entfallende rechnerische Anteil am Grundkapital sinkt dadurch. Die neuen Aktien stehen den Aktionären der Gesellschaft entsprechend ihrer bisherigen Beteiligung zu. Die neuen Aktien werden von den Depotbanken am Tag der Neueinteilung ohne besondere Weisung in das Depot eingebucht. Die Beteiligung des Aktionärs an der Gesellschaft verändert sich durch einen Aktiensplit nicht. Ziel des Aktiensplits ist die Verringerung des Aktienkurses, um die Verkehrsfähigkeit der Aktie zu erhöhen. Durch einen Aktiensplit darf der Nennbetrag einer Stückaktie 1,00 EUR nicht unterschreiten.

5.3 Aktienanleihe

Aufgabe a)
- Die Schuldverschreibung im Depot wird zum Nennwert zurückgezahlt.
- Die Aktienanleihe wird zum Nennwert zurückgezahlt, wenn der Kurs der Windkraft AG-Aktie am Feststellungstag den Basispreis nicht unterschreitet.
- Unterschreitet der Kurs der Windkraft AG-Aktie am Feststellungstag den Basispreis, wird die Aktienanleihe je 1.000,00 EUR Nennwert durch Lieferung von 28 Stück Windkraft AG-Aktien- zurückgezahlt.

Aufgabe b)
Der höhere Zinssatz der Aktienanleihe stellt einen Risikoaufschlag für den Fall dar, dass die Aktienanleihe nicht zum Nennwert zurückgezahlt wird, sondern in Aktien, deren Gegenwert unter dem Nennwert der Aktienanleihe liegt.

Aufgabe c)
Steigt das Kapitalmarkt-Zinsniveau, wird diese Aktienanleihe für Kapitalanleger unattraktiv:
- Sinkt der Kurs der Windkraft AG-Aktie, erhöht sich das Risiko der Rückzahlung in Aktien.
- Sinkt die Bonität der Verbraucherbank AG, erhöht sich das Risiko des Totalverlusts.

Aufgabe d)
- Zum nächsten Zinstermin erhält Frau Weichmuth die Zinsen für ein Jahr.
- Da sie die Aktienanleihe aber nicht das gesamte Jahr besessen hat, werden ihr beim Kauf für die Zeit, in der sie die Aktienanleihe nicht besessen hat, Stückzinsen belastet.

Aufgabe e)

Kurswert: 5.000,00 EUR x 99,85 %	4.992,50 EUR
+ Stückzinsen: 5.000,00 EUR x 8 Tage x 5,65 % : (365 x 100)	6,19 EUR
= Zwischensumme	4.998,69 EUR
+ Bankprovision: 1 % von 5.000,00 EUR	50,00 EUR
+ Maklergebühr: 0,5 ‰ von 5.000,00 EUR	2,50 EUR
= Belastung	**5.051,19 EUR**

Aufgabe f)

Ertrag: Zinsen 5,65 % von 5.000,00 EUR für 2 Jahre	565,00 EUR
- gezahlte Stückzinsen	6,19 EUR
= Nettozinsertrag	571,19 EUR
+ Kursgewinn: 100,00 % - 99,85 % = 0,15 % von 5.000,00 EUR	7,50 EUR
= Gesamtertrag	**578,69 EUR**

Aufgabe g)

Kurswert des Kaufs	4.992,50 EUR
- 28 Aktien x 24,00 EUR x 5.000,00 EUR : 1.000,00 EUR	3.360,00 EUR

- Nettozinsertrag	571,19 EUR
= Verlust	**1.061,31 EUR**

5.4 Investmentzertifikate und ETFs

Lernsituation 1

Aufgabe a)

Geeignetheitserklärung: Mit diesem Dokument soll sichergestellt werden, dass der Anlageberater den Wertpapierkunden über Wertpapiere informiert und auf Gefahren und Risiken dieser Anlagen hinweist sowie überprüft, dass die beabsichtigte Anlageentscheidung für diese Wertpapieranlage für ihn geeignet ist.

Aufgabe b)
- Anlageziele
  - Finanzielle Verhältnisse
  - Kenntnisse und Erfahrungen in Bezug auf Wertpapiergeschäfte
  - Risikotoleranz / Risikobereitschaft

Aufgabe c)
- Miteigentum nach Bruchteilen am Sondervermögen
- Anspruch auf Beteiligung am Fondsertrag
- Anspruch auf Rückgabe der Anteile zum Rücknahmepreis an die Kapitalverwaltungsgesellschaft
- Anspruch auf ordnungsgemäße Verwahrung und Verwaltung des Fondsvermögens
- Anspruch auf Rechenschaftslegung über den Investmentfonds

Aufgabe d)
- Das Fondsvermögen muss getrennt vom Vermögen der Kapitalverwaltungsgesellschaft gehalten werden.
- Für einen Fonds dürfen nur bestimmte Wertpapiere und bestimmte andere Vermögensgegenstände bis zu einer bestimmten Höhe erworben werden.
- Die Kapitalverwaltungsgesellschaft unterliegt der Aufsicht durch die Bundesanstalt für Finanzdienstleistungsaufsicht (BaFin).

Aufgabe e)

Zu 1) Offene Publikumsfonds: Sie können von allen Anlegern erworben werden. Der Fonds investiert in Aktien oder Renten. Sie haben eine unbegrenzte Zahl von Anlegern. Der Fonds gibt laufend neue Anteile aus. Geschäftsberichte, Ausgabe- und Rücknahmepreise sind laufend zu veröffentlichen.

Zu 2) Bei einem Indexfonds bestimmt sich die Zusammensetzung des Fondvermögens nach einem bestimmten Index, z. B. DAX30 oder MDAX usw, sodass die Wertentwicklung des Fonds weitgehend der Performance des Indexes entspricht. Das Fondsmanagement beschränkt sich auf die laufende Anpassung des Fondsvermögens an den Referenzindex (passives Management). Deshalb sind die Verwaltungskosten niedriger als bei aktiv gemanagten Fonds. wird ein bestimmter Aktienindex nachgebildet, z. B. DAX-Fonds.

Zu 3) Investmentfonds können Erträge, z. B. Dividenden, Zinserträge oder Kursgewinne unterschiedlich behandeln. Der Ertragsfonds schüttet die Erträge regelmäßig an die Anleger aus.

Thesaurierende Fonds sind für Anleger geeignet, die Vermögen aufbauen wollen und regelmäßige Erträge nicht benötigen. Auf alle Erträge fällt allerdings die Abgeltungsteuer an, die i.d.R. sofort einbehalten wird.

Lernsituation 2

Aufgabe a)

Wertpapiervermögen	345.789.400,00 EUR
+ Bankguthaben	52.200.000,00 EUR
+ Sonstiges Vermögen	560.000,00 EUR
- Verbindlichkeiten	130.000,00 EUR
= Wert des Sondervermögens	**398.419.400,00 EUR**

Aufgabe b)

Fondsvermögen : Umlaufende Anteile = Inventarwert
376.830.000,00 EUR : 3.698.417 = **101,89 EUR**

Aufgabe c)

Inventarwert	101,89 EUR
+ Ausgabeaufschlag von 5 %	5,09 EUR
= Ausgabepreis	**106,98 EUR**

Inventarwert	101,89 EUR
- Rücknahmegebühr von 0,75 %	0,76 EUR
= Rücknahmepreis	**101,13 EUR**

Lernsituation 3

Aufgabe a)

Vgl. „Fondsarten" im INFO

- Publikumsfonds
- Spezialfonds
- Rohstofffonds
- Indexfonds
- Länderfons
- offene Investmentfonds

5.4 Investmentzertifikate und ETFs

- geschlossene Investmentfonds
- Dachfonds
- ausschüttende Fonds
- thesaurierende Fonds
- aktiv und passiv (ETF =Exchange Trade Fonds) gemanagte Fonds

Aufgabe b)

Vgl. „Cost-Average-Effekt" im INFO

- niedrigerer durchschnittlicher Einstandspreis, da an regelmäßigen Terminen ein bestimmter festgelegter Betrag für eine Anzahl von Investmentanteilen erworben wird
- dadurch günstiger Durchschnittserwerbspreis

Lernsituation 4

Aufgabe a)

Vorteile eines Aktienfonds gegenüber einer Direktanlage in Aktien:

- Anlage in kleineren Beträgen
- Risikomischung bzw. Risikostreuung
- Anlagen im Investmentfonds werden von Experten durchgeführt oder bilden einen Index ab, (ETF) z. B. den DAX 40
- mögliche höhere Rendite bei aktiv gemanagten Aktienfonds
- bei Indexfonds (ETF = Exchange Trade Fonds = passiv gemanagte Fonds) Orientierung an verschiedenen Indizes oder Unternehmensbereiche, z. B DAX40, MDAX aber auch Rüstungs- oder nur Chipwerte im Index

Aufgabe b)

Chancen: Mit geringen Mitteln kann sich der Anleger an europaweit agierenden ertragreichen Unternehmen beteiligen nach dem Prinzip der Risikostreuung.

Nachteil: Der Anleger hat keinen Einfluss auf die Anlagestrategie des Fonds.

Aufgabe c)

- Ausschüttende Fonds: Erträge werden regelmäßig an den Anleger ausgeschüttet; Wiederanlageproblem für den Anleger
- Thesaurierende Fonds: Erträge bleiben im Fondsvermögen und werden wieder angelegt.

Aufgabe d)

- Ausschüttende Fonds: Abnahme des Fondsvermögens – der Anteilwert fällt.
- Thesaurierende Fonds: Erträge bleiben im Fonds – der Anteilwert steigt.

Lernsituation 5

Aufgabe a)

Fonds B wird in USD gemanagt: Währungsrisiko und Zinsänderungsrisiko

Fonds A wird in EUR gemanagt: kein Währungsrisiko aber Zinsänderungsrisiko

Aufgabe b)

Da der Rentenfonds in Schuldverschreibungen verschiedener Unternehmen und Staaten anlegt, wird das Ausfallrisiko gestreut. Das Bonitätsrisiko sinkt also im Vergleich zu einer Direktanlage.

Aufgabe c)

Bei steigendem Zinsniveau sinken die Kurse umlaufender Schuldverschreibungen und Anleihen.

Aufgabe d)

Risikomischung durch die Anlage des Sondervermögens in Renten in verschiedenen europäischen Ländern. Außerdem Anlage in Unternehmens- und Staatsanleihen.

Aufgabe e)

- Recht auf Anteil an einem Sondervermögen, der in Rentenwerten investiert.
- Recht auf Ausschüttung von Erträgen oder Wiederanlage der Erträge

Aufgabe f)

- Zinserträge
- Kursgewinne
- Währungsgewinne

Aufgabe g)

- Indexfonds: Die Anlagestrategie orientiert sich an einem Rentenindex.
- Aktiv gemanagter Fonds: Experten legen das Sondervermögen je nach Kapitalmarktlage in ertragreiche Investments an, hier Rentenwerte.

Aufgabe h)

Vorteil eines aktiv gemanagten Fonds: Der Wert der Investmentanteile eines Rentenfonds kann stärker steigen als der jeweilige Rentenindex. Der Indexfonds steigt nur entsprechend dem jeweiligen Indexstand.
Nachteil: Es besteht ein höheres Risiko bei einem aktiv gemanagten Rentenfonds, da Rentenwerte durch Verkauf oder Rückzahlung neu angelegt werden müssen.

Lernsituation 6

Aufgabe 1

Wenn man sich mittel- bis langfristig ein finanzielles Polster mit Geldanlagen aufbauen will, ist ein ETF Sparplan zweckmäßig.

Exchange Traded Fonds sind Fonds, die einen bestimmten Index – wie den DAX oder MSCI World – nachbilden. Für die Nachbildung werden – bei physischer Replikation – genau die Wertpapiere erworben, die auch im Original-Index enthalten sind. ETFs werden börsentäglich gehandelt.

Aufgabe 2

Das Beteiligungssparen und die Vermögensbildung werden staatlich gefördert.

Voraussetzungen: Mindestalter 16 Jahre, zu versteuerndes Einkommen bei Beteiligungssparen 20.000,00 EUR/40.0000,00 EUR für Ledige bzw. Ehepaare, Sparen nach dem Vermögensbildungsgesetz beträgt das zu versteuernde Einkommen 35.000,00/70.000,00 EUR. Der Arbeitgeber überweist den Sparerbetrag vom Bruttoeinkommen direkt auf das entsprechende Konto. Die Beträge müssen vorwiegend in Aktien oder aktienähnlichen Produkten z. B. Investmentfonds investiert werden (vgl. auch Kapitel 3 Geld- und Vermögensanlage).

Aufgabe 3
Beteiligungssparen jährlich max. 400,00 EUR, Arbeitnehmer-Sparzulage 20 %

Sparen nach dem VermBG: jährlich 470,00 EUR Arbeitnehmer-Sparzulage 9 %

Aufgabe 4
- Kursrisiko
- Das Kursrisiko wird durch die breite Streuung eines ETF gemindert.
- Im Falle der Insolvenz der Depotbank fallen die Investmentwerte nicht in die Insolvenzmasse.

Aufgabe 5
Der ausschüttende ETF wird mit 25 % Abgeltungssteuer und 5,5 % SolZ von der Abgeltungssteuer besteuert, evtl. 8 % oder 9 % Kirchensteuer.

Der thesaurierende ETF wird mit einer Vorabpauschale besteuert und erst nach einem Verkauf mit Ertrag und Gewinn mit der Abgeltungssteuer belegt und mit der bereits gezahlten Vorabbesteuerung verrechnet.

Aufgabe 6
Da thesaurierende ETFs die Gewinne gleich reinvestieren, kann sich die Haltedauer– unter Umständen auf Jahrzehnte ausdehnen. In dieser Zeit würde keine Steuer an den Staat fließen. Um diesen Stundungseffekt aufzuheben, wurde die Vorabpauschale eingeführt.

Sie sorgt dafür, dass der Staat einen Teil der künftigen Steuer schon vorab über die Laufzeit verteilt erhält.

5.5 Wandelanleihen

Aufgabe a)
- Liquiditätsbeschaffung durch Ausgabe einer Wandelanleihe
- Altaktionäre sind nach dem Bezug von Wandelanleihen zunächst Gläubiger mit einer festen Verzinsung und einem Umtauschrecht in Aktien.
- Anleger dieser Wandelanleihe können sich später entscheiden, ob sie Gläubiger bleiben oder Aktionäre werden, wenn sie die Wandelanleihe in Aktien der betreffenden Gesellschaft umwandeln.
- Fremdkapital wird bei Wandlung zu Eigenkapital.

Aufgabe b)
Vgl. Bezugsangebot

10 Aktien berechtigen zum Bezug von 100,00 EUR Nennwert Wandelanleihen.

Stückelung der Wandelanleihe 1.000,00 EUR Nennwert
Rückzahlungsanspruch zu 100 %
- Verzinsung von 0,75 % p.a.
- Jede Teilschuldverschreibung im Nennwert von 100,00 EUR kann in drei auf den Inhaber lautende Stückaktie der SolarTech gewandelt werden.

Aufgabe c)

Wichtige Ausstattungsmerkmale der Wandelanleihe	
Laufzeit	4 Jahre
Rückzahlung	am Ende der Laufzeit zu 100 %
Verzinsung	0,75 % p.a.
Wandlungsverhältnis	100,00 EUR Nennwert : 3 neue Aktien
aktueller Börsenkurs der SolarTech-Aktie	34,55 EUR

Aufgabe d)

10 Aktien berechtigen zum Bezug von 100,00 EUR Nennwert Wandelanleihen.

500 Aktien berechtigen zum Bezug von 5.000,00 EUR Nennwert Wandelanleihen.

Aufgabe e)

Risiken:
- Bonitätsrisiko
- keine Rückzahlung im Insolvenzfall
- Zinsänderungsrisiko und damit ggf. Kursverluste bei steigendem Zinsniveau
- allgemeines Kursrisiko

Aufgabe f)

100,00 EUR Wandelanleihen berechtigen zum Umtausch von drei neuen Aktien.

5.000,00 EUR Nennwert Wandelanleihen berechtigen zum Umtausch in 150 neuen Aktien.

Aufgabe g)

Der Umtausch lohnt sich, wenn der Börsenkurs der Aktie über dem Wandlungspreis liegt.

Beispiel: Aktienkurs der Solar AG 40,00 EUR

150 Aktien x 40 = 6.000,00 EUR

Aufgabe h)

Unterscheidungsmerkmale von Wertpapieren			
	Aktie	**Bundesanleihe**	**Wandelanleihe**
Stellung des Depotinhabers	Eigentümer	Gläubiger	Gläubiger
Mittel aus der Sicht des Emittenten	Eigenkapital	Fremdkapital	Fremdkapital
Rückzahlung	nur Verkauf zum Börsenkurs	zum Fälligkeitszeitpunkt bzw. Verkauf zum Börsenkurs	zum Fälligkeitszeitpunkt bzw. Verkauf zum Börsenkurs
Risiken	- unternehmerisches Risiko - Kursänderungsrisiko - Dividendenrisiko - Risiko der Kursprognose	- Zinsänderungsrisiko	- Bonitätsrisiko - Zinsänderungsrisiko - Kündigungsrisiko/ Auslosungsrisiko
Ertrag	- Dividende, von Gewinnsituation abhängig - evtl. Kursgewinne	- Zinsen - evtl. Kursgewinne	- Zinsen, unabhängig von Gewinnsituation - evtl. Kursgewinne

5.6 Genussscheine

Aufgabe a)

Vgl. „Wesen der Genussscheine" im INFO

Genussscheine sind Gläubigerpapiere, die individuelle Vermögensrechte verbriefen, auf einen Nominalwert lauten und mit einem Gewinnanspruch verbunden sind. Genussscheininhaber werden auch am Verlust der Unternehmung beteiligt. Die Rückzahlung erfolgt zum Nennwert.

Kein Recht zur Teilnahme an der Hauptversammlung und daher auch kein Stimmrecht.

Aufgabe b)

Vgl. „Haftungsrisiko" im INFO

Genussscheine sind häufig an den Verlusten des emittierenden Unternehmens in Form der Herabsetzung des Rückzahlungsbetrags beteiligt. Ferner sind sie meist mit einer Nachrangabrede ausgestattet, d. h. dass im Insolvenzfall oder bei Liquidation des Unternehmens die Inhaber der Genussscheine den anderen Gläubigern des Unternehmens bei der Befriedigung ihrer Ansprüche im Rang nachstehen.

Aufgabe c)

Vgl. „Chancen und Risiken" im INFO

Im Vergleich zu Anleihen kann der Genussscheininhaber am Verlust des Unternehmens beteiligt werden; ferner muss er ein Kündigungsrecht einkalkulieren. Für die Übernahme des erhöhten Risikos wird er mit einem höheren Ertrag entgolten. Die Kursbildung von Genussscheinen wird vom Aktienkurs des emittierenden Unternehmens und/oder vom Kapitalmarktzins beeinflusst. Bei rückläufigen Kursen der entsprechenden Aktie und bei ansteigenden Zinsen am Kapitalmarkt ist der Genussschein einem Kursrisiko ausgesetzt. Kursgewinne kann der Anleger u. a. erzielen, wenn der Kapitalmarktzins unter den Ausschüttungssatz des Genussscheins fällt.

Aufgabe d)

Vgl. „Vergleich von Schuldverschreibung, Genussschein und Aktie" im INFO

Vergleich von Schuldverschreibung, Genussschein und Aktie

Merkmale	Schuldverschreibung	Genussschein	Aktie
Art des verbrieften Rechts	Gläubigerrechte, besonderes Recht auf Zinszahlung und Tilgung	- Gläubigerrechte - meist gewinnunabhängige Mindestverzinsung - kein Stimmrecht - kein Anfechtungsrecht dazu teilweise - Gewinnbeteiligung - Verlustbeteiligung - Kontrollrechte	Teilhaberrechte an der AG, d. h. der Eigentümer einer Aktie ist mit dem Nennwert seiner Aktie am Grundkapital der AG beteiligt
Charakter des Kapitals	Fremdkapital	je nach Ausgestaltung Eigen- oder Fremdkapital, wird wirtschaftlich wie haftendes Eigenkapital behandelt, steuerlich: Fremdkapital	Eigenkapital
Einfluss auf die Unternehmens-führung	grundsätzlich nicht möglich	grundsätzlich nicht möglich	grundsätzlich über Stimmrecht möglich
Haftung	grundsätzlich keine Teilnahme am Verlust	theoretisch abhängig vom Charakter des Kapitals, praktisch häufig nachrangiges Haftkapital	als Risikokapital bis zur vollen Höhe Teilnahme am Verlust
Ausschüttung	feste, von der Ertragssituation des Emittenten unabhängige Verzinsung	grundsätzlich gewinnabhängige Ausschüttung, häufig mit festem Basiszins kombiniert	variable, vom Ertrag der Aktiengesellschaft abhängige Dividende; körperschaftsteuerpflichtige Gewinnverteilung
Laufzeit	begrenzt	begrenzt oder unbegrenzt; meist Kündigungsrecht des Emittenten	unbegrenzt

5.7 Optionsanleihe

Aufgabe a)
- Optionsanleihen können u. U. aufgrund der Marktsituation besser abgesetzt werden.
- Zinsen sind Steuer mindernder Aufwand (Fremdkapitalzinsen).
- Spätere Eigenkapitalerhöhung durch Ausübung von Optionen ist möglich.
- Die Verzinsung ist niedriger als bei normalen Anleihen, weil mit der Optionsanleihe ein Sonderrecht verbunden ist.

Aufgabe b)
- fester Zinssatz und damit gleichbleibende Zinsen über die gesamte Laufzeit
- garantierte Rückzahlung der Anleihe zum Nennwert
- Über die Option ist es möglich, die Aktie zu einem festen Preis (80,00 EUR) zu erwerben und damit Kursgewinne zu realisieren.
- Optionsschein getrennt veräußerbar

Aufgabe c)
- Der prozentuale Anteil von Herrn Renne an der Chemie AG würde ohne ein Bezugsrecht sinken, da mit der Ausübung der Option Aktien der Chemie AG erworben werden können und daher am Ende mehr Aktien im Umlauf sind.
- Der Aktienkurs der Chemie AG wird rechnerisch sinken, so dass das Bezugsrecht den rechnerischen Verlust ausgleichen muss.

Aufgabe d)
Depotbestand 1.600 Aktien ermöglicht den Bezug von 4 x nominal 1.000 EUR = nominal **4.000 EUR** Nennwert Optionsanleihen.

Aufgabe e)
4.000 EUR nom. x 120 % = **4.800 EUR** Kaufpreis

Aufgabe f)
Jeder Optionsanleihe im Nennbetrag von 1.000 EUR sind 8 Optionsscheine beigefügt, die zum Bezug von einer Aktie der Gesellschaft berechtigen. Da Herr Renne 4.000 EUR nom. Optionsanleihen besitzt und damit 32 Optionsscheine, kann er **4 Aktien** der Gesellschaft beziehen.

Aufgabe g)
32 Optionsscheine berechtigen zum Kauf Bezug von 4 Inhaberaktien der Chemie AG zu je 80 EUR, also insgesamt **320,00 EUR**

5.8 Optionsscheine

Aufgabe a)
Vgl. „Hebel" im INFO

Hebel = 160 : (2,40 x 10) = **6,67**

Die prozentuale Kursänderung des Optionsscheins ist um das 6,67-fache größer als die prozentuale Kursänderung der Aktie.

Aufgabe b)

Vgl. „Innerer Wert" im INFO

Innerer Wert = (160,00 – 180,00) : 10 = **-2,00 EUR**

Der Optionsschein ist nicht „im Geld" (out of the money). Eine Ausübung des Optionsrechts ist zurzeit nicht sinnvoll, da die Aktie beim direkten Kauf an der Börse billiger bezogen werden kann als über den Optionsschein. Der rechnerische innere Wert der Option ist negativ.

Aufgabe c)

Vgl. „Aufgeld" im INFO

Absolutes Aufgeld = 2,40 x 10 + 180,00 – 160,00 = **44,00 EUR**

Aufgeld in Prozent = 44,00 x 100 : 160,00 = **27,50 %**

Der Aktienerwerb über Kauf mit sofortiger Ausübung der Optionsrechte ist um 44,00 EUR bzw. 27,50 % teurer als der Direktkauf der Aktie an der Börse.

Aufgabe d)

Vgl. „Aufgeld" im INFO

Relatives Aufgeld pro Jahr:

Die Restlaufzeit beträgt zwei Jahre.

Formel:

Relatives Aufgeld pro Jahr = Aufgeld in Prozent : Restlaufwert = 27,50 : 2 = **13,75 %** p.a.

Nur wenn die Aktie in der restlichen Zeit der Optionsfrist pro Jahr um durchschnittlich mehr als 13,75 % steigt, erzielt der Käufer einen Gewinn, da sich das Aufgeld bis zur Fälligkeit vollständig abbaut.

Aufgabe e)

Vgl. „Zeitwert" im INFO

Zeitwert = 2,40 EUR - 0,00 EUR = **2,40 EUR**

Da der Optionsschein einen rechnerisch negativen inneren Wert besitzt, ergibt sich der Kurs des Optionsscheins vollständig aus dem Zeitwert.

5.9 Börse

5.9.1 Organisation der Börse

Aufgabe a)

Vgl. Vorspann der Aufgabe

- Kapitalumschlagsfunktion (Anlagemöglichkeit in Wertpapieren; hinreichende Qualität und Handelsfähigkeit der Wertpapiere; hohe Liquidität)

5.9 Börse

- Kapitalbewertungsfunktion (marktgerechte Preisbildung; Preisbildung nach festgelegten Regeln; Die Veröffentlichung der Kurse sichert hohe Markttransparenz)

Aufgabe b)

Frankfurter Wertpapierbörse; weitere Wertpapierbörsen in München, Stuttgart, Hamburg, Berlin/Bremen und Düsseldorf

Aufgabe c)

Vgl. „Parkettbörse/Computerbörse" im Vorspann

Xetrahandel: 9:00 Uhr bis 17:30 Uhr

FWB: 8:00 Uhr bis 21:45 Uhr

Aufgabe d)

Geld- und Briefstellung zu je 400 Stück Aktien zu 34,55 EUR liegen dem Skontroführer vor, Der Geschäftsabschluss kommt zustande.

Aufgabe e)

Erfüllungsgeschäft und Geldvaluta Mittwoch 30.08.20..

Aufgabe f)

Vgl. „Xetra-Handel" in 5.8.6 Wichtige Börsenbegriffe

Xetra bedeutet Exchange Electronic Trading und ist das elektronische Handelssystem der Deutsche Börse AG für den Handel mit Wertpapieren. Xetra ist als ordergetriebenes Handelssystem mit automatischem Geschäftsabschluss (Matching) konzipiert, das alle Aufträge (Orders) in einem zentralen Orderbuch zusammenführt. Das Orderbuch kann von allen Xetra-Teilnehmern eingesehen werden. Dies soll allen Teilnehmern die Möglichkeit bieten, gezielter auf Marktveränderungen zu reagieren. Xetra bietet als Handelsformen die Auktion und den fortlaufenden Handel.

Die Auktion entspricht in den Grundzügen der Feststellung des Einheitskurses. Sie besteht aus der Aufrufphase und der Preisermittlungsphase. Während der Aufrufphase besteht die Möglichkeit, Aufträge in das Orderbuch einzustellen, zu ändern oder zu löschen. Nach dem Ende der Aufrufphase wird der Auktionspreis auf der Grundlage der vorliegenden Aufträge ermittelt. Auktionspreis ist der Preis, zu dem der größtmögliche Umsatz zustande kommt. Alle zu diesem Preis nicht oder nur teilweise ausgeführten Aufträge werden in den fortlaufenden Handel übernommen.

Kern des fortlaufenden Handels ist ein offenes Orderbuch mit Kauf- und Verkaufsseite. Bei jedem neu eintreffenden Auftrag wird sofort dessen Ausführbarkeit geprüft. Der Ausführungspreis wird durch das jeweils höchste Kauf- oder niedrigste Verkaufslimit des Auftrags im Orderbuch bestimmt. Sofern ein Auftrag nicht sofort ausführbar ist, wird er in das Orderbuch übernommen.

Der Xetra-Handel vollzieht sich in den Phasen:
- Vorhandel: Hier haben die Marktteilnehmer die Möglichkeit, Aufträge zur Vorbereitung des eigentlichen Handels einzugeben, zu ändern oder zu löschen. In dieser Phase ist das Orderbuch geschlossen, so dass kein Einblick in die Orderbuchlage möglich ist.
- Eröffnungsauktion
- fortlaufender Handel
- Schlussauktion

- Im Nachhandel können bei wiederum geschlossenem Orderbuch Geschäfte bearbeitet werden, bis die Übertragung der Schlussnoten eingeleitet wird.

Aufgabe g)

Ja, da die Aktie der Telecom AG im Xetra-System in der Zeit von 9:00 Uhr bis 17:30 Uhr gehandelt werden kann.

Aufgabe h)

Vgl. 5.8.6 Wichtige Börsenbegriffe

- Allianz AG und Wacker Chemie AG werden im regulierten Markt im Prime Standard gehandelt.
- Borussia Dortmund AG und Porsche Holding AG werden im regulierten Markt im General Standard gehandelt.
- Auslandsaktien werden größtenteils im Freiverkehr gehandelt.

5.9.2 Preisermittlung an der Effektenbörse

Aufgabe a)

Eröffnungskurs: **357,00**   Kurszusatz: **bB**

Kurs	Kaufaufträge	Verkaufsaufträge	Umsätze
358,00	78	252	78
357,60	78	242	78
357,00	178	201	178
356,00	250	165	165
355,00	250	165	165
354,00	265	133	133
353,50	287	133	133
352,00	377	80	80

Aufgabe b)

Umsatz: **178** Aktien

Aufgabe c)

Kauf zum Eröffnungskurs: **45,75**

5.9.3 Kurszusätze

Aufgabe a)

Eröffnungskurs: **64,60** (nach dem Meistausführungsprinzip)

Kurs	Kaufaufträge	Verkaufsaufträge	Umsätze
64,80	9500	30.200	9.500
64,75	9.500	24.700	9.500

64,70	13.500	20.200	13.500
64,60	18.200	19.700	18.200
64,35	20.700	14.000	14.000
64,20	23.400	14.000	14.000
64,10	23.400	11.000	11.000
64,05	25.900	8.000	8.000

Aufgabe b)

Umsatz: **18.200** Aktien

Aufgabe c)

Kurs: 64,60 bB oder der Skontroführer übernimmt das überschießende Angebot von 1.500 Aktien dann Kurs: 64,60 b

5.9.4 Wertpapierindizes

Aufgabe a)

Die Performanceentwicklung der im Prime Standard notierten Aktien spiegelt sich in verschiedenen von der Deutsche Börse AG veröffentlichten Indizes wider.

Wertpapierindizes. Unter einem Index versteht man eine Kennziffer (Messzahl). Indizes dienen der Darstellung der allgemeinen Kurs- und Ertragsentwicklung. Man unterscheidet:

Kursindex und Preisindex: Reine Kursindizes spiegeln allein die Preisentwicklung eines konstant gehaltenen Wertpapierdepots wieder. Die Menge der im Index enthaltenen Wertpapiere wird beibehalten. Ausschüttungen u. a. führen zu Rückgängen im Index.

Performance-Index: Performance-Indizes stellen die Wertentwicklung eines Portefeuilles dar, in das die laufenden Erträge (z. B. Dividendenzahlungen und Bezugsrechtserlöse) rechnerisch wieder in das jeweilige Wertpapier reinvestiert werden. Ausschüttungen führen dadurch nicht zu Indexrückgängen. Beispiel: DAX-40

Preisgewichteter Index: Dieser Index berücksichtigt nur die Kurse der im Index vertretenen Wertpapiere. Beispiel: Dow Jones Index

Marktgewichteter Index: Dieser Index berücksichtigt das „Marktgewicht" eines Wertpapiers und gibt einem regelmäßig stärker vertretenen Wertpapier einen größeren Anteil am Index. Beispiel: DAX-40

Indizes werden von der Wirtschaftspresse, von Banken, von Spezialunternehmen und auch vom Statistischen Bundesamt ermittelt. Sie stellen Hilfen für die Einschätzung von Wertpapiermärkten dar und können insbesondere für die technische Analyse genutzt werden. Für die Beurteilung von Teilmärkten stehen Subindizes bzw. Branchenindizes zur Verfügung. Der Anleger kann die Indizes als Vergleichsmaßstab heranziehen, wenn er die Entwicklung des eigenen Portefeuilles (Depots) oder eines Investmentfonds bewerten will.

Die wichtigsten Aktienindizes der Deutschen Börse:

Name	Kurzbeschreibung
DAX	die 40 größten und umsatzstärksten und liquidesten (Marktkapitalisierung und Streubesitz) deutschen Aktien des Prime-Segments der Deutschen Börse AG aus den klassischen Wirtschaftsbereichen und der Technologiebranche.
TecDAX	die 30 größten und liquidesten deutschen und internationalen Technologie-Werte (Marktkapitalisierung, Streubesitz und Börsenumsätze) des Prime-Segments der Deutschen Börse AG, die auch gleichzeitig im DAX vertreten sein können.
MDAX	die 60 umsatzgrößten und liquidesten (d. h. Marktkapitalisierung) deutschen und internationalen Aktien des Prime-Segments aus klassischen Branchen unterhalb des DAX.
SDAX	die 70 umsatzgrößten und liquidesten deutschen und internationalen Aktien des Prime-Segments aus klassischen Bereichen unterhalb des MDAX
CDAX	segmentübergreifend alle deutschen Werte in Prime Standard und in General Standard.

Über Veränderungen in den Indizes entscheidet in regelmäßigen Abständen der Vorstand der Deutschen Börse AG. Grundlage der Entscheidungen sind z. B. Veränderungen in der Marktkapitalisierung der Gesellschaft oder Verlust der Eigenständigkeit durch Fusion.

Ausländische Aktienindizes stehen dem Anleger ebenfalls zur Verfügung, z. B.:

Name	Kurzbeschreibung
EURO-STOXX 50	Die 50 wichtigsten und höchst kapitalisierten Unternehmen aus Euroland werden erfasst.
Dow Jones Stoxx	Er enthält die 50 wichtigsten und höchst kapitalisierten Unternehmen aus Gesamteuropa.
Dow Jones (USA)	Im Dow Jones Industrial Average sind 30 Großunternehmen der amerikanischen Börse vertreten.
S&P 500	Er bildet branchenübergreifend die 500 größten amerikanischen Unternehmen ab.
Nasdaq 100	Er enthält die 100 wichtigsten Technologie- und Wachstumswerte.
CAC 40 (Paris)	Der Cotation Assistee en Continu 40 Index setzt sich aus den 40 umsatzstärksten Aktien der Pariser Börse zusammen.
Nikkei 225 (Tokio)	Er erfasst 225 an der Börse Tokio gehandelte Aktien, Berechnung durch die Finanzzeitung Nihon Kejzai.

Rentenindizes werden für verschiedene verzinsliche Wertpapiere (Euro-Staatsanleihen, Bundesanleihen, Pfandbriefe (Jumbo), Unternehmensanleihen, Emerging Markets Anleihen) veröffentlicht.

Der REX ist ein Kursindex und beinhaltet Anleihen, Obligationen und Schatzanweisungen mit fester Verzinsung und einer Restlaufzeit zwischen 1 und 10 Jahren (Markt der Staatspapiere). Er ist ein gewogener Durchschnitt aus den Kursen von 30 fiktiven Anleihen.

5.9 Börse

Aufgabe b)
Preisindex: Dow Jones
Performance Index: DAX

Aufgabe c)
Der DAX bildet die allgemeine Kurs- und Ertragsentwicklung der 40 größten und umsatzstärksten im Prime Standard gelisteten Wertpapiere ab:
- Hilfe für die Einschätzung von Wertpapiermärkten
- Nutzung für die technische Analyse
- Vergleichsmaßstab für die Entwicklung des eigenen Portefeuilles

Aufgabe d)
vgl. Lösung a)

5.9.5 Abwicklung von Kauf- und Verkaufsaufträgen an der Wertpapierbörse

Lernsituation 1

Aufgabe a)

Depotnummer: 201050897370	In dieses Depot sollen die gekauften Wertpapiere eingebucht werden.
Name des Wertpapiers/WKN	Mit der WKN soll das Wertpapier leichter identifiziert werden.
Handelsplatz Frankfurt	kostengünstiger Ausführungsplatz
Nominal 100 Stück	Kundenwunsch
Kurslimit Billigst	Kauf soll zum nächstmöglichen Kurs ausgeführt werden.
Ordergültigkeit: heute	Festlegung der Gültigkeitsdauer des Auftrags
Kein Orderzusatz	Kauf soll sofort zum nächstmöglichen Kurs ausgeführt werden.

Aufgabe b)

100 Stück Kurs 59,60	5.960,00 EUR
Provision	59,60 EUR
Maklercourtage	5,96 EUR
Summe	**6.025,56 EUR**

Aufgabe c)
Geldvaluta **16.06.20..**

Lernsituation 2

Aufgabe a)

Vgl. Info 5.8.3 Kurszusätze

b	Alle Aufträge wurden ausgeführt.
bG	Die zum festgestellten Kurs limitierten Kaufaufträge sind nicht vollständig ausgeführt worden. Es bestand weitere Nachfrage.
bB	Die zum festgestellten Kurs limitierten Verkaufsaufträge sind nicht vollständig ausgeführt worden. Es bestand weiteres Angebot.
G	nur Nachfrage zu diesem Kurs
exD	erste Notiz unter Abschlag der Dividende

Aufgabe b)

Vgl. §§ 6 und 10 der Geschäftsbedingungen der FWB im INFO

Wurden die Aufträge am Ende des Handelstages, an dem die Hauptversammlung stattfand bzw. der Bezugsrechtshandel beginnt, nicht ausgeführt, werden diese Aufträge gestrichen und müssen neu erteilt werden.

Aufgabe c)

Der Auftrag wurde am 04.10. Geschäftsschluss vor dem Tag der Dividendenausschüttung gestrichen. Bis zu diesem Zeitpunkt wurde das eingegebene Limit nicht erreicht.

5.9.6 Wichtige Börsenbegriffe

keine Aufgabe

5.10 Depotgeschäft

5.10.1 Offenes und geschlossenes Depot

Aufgabe a)

Vgl. „Offenes und Geschlossenes Depot" im INFO

Wertsachen, Gegenstände, Urkunden	Verwahrart
Sparbrief	Schließfach
5 Sparbücher	Schließfach
Orderscheck-Vordrucke	Schließfach
wertvoller Schmuck und Münzen	Schließfach
wertvolles Gemälde	Verwahrstück
Briefmarkenalbum	Schließfach
vinkulierte Namensaktien	Schließfach oder ggf. offenes Depot/ Streifbandverwahrung

5.10 Depotgeschäft

| Inhaberpfandbriefe | offenes Depot – Girosammelverwahrung |
| Investmentanteile | offenes Depot – Girosammelverwahrung |

Aufgabe b)

Vgl. Ziffer 17 „Prüfungspflicht der Nordbank AG" in den Sonderbedingungen für Wertpapiergeschäfte im INFO
- Prüfung der Verlustmeldungen (Opposition)
- formale Ordnungsmäßigkeit der eingelieferten Wertpapiere, z. B. äußere Beschaffenheit des Wertpapiers
- Übereinstimmung der Identität der Stückenummern von Mantel und Bogen
- Überprüfung, ob alle Dividendenscheine am Bogen vorhanden sind.
- Gültigkeit bei Anleihen und Kupons
- Vollständigkeit, d. h. Mitlieferung des nächstfälligen Zins- bzw. Gewinnanteilscheins

Aufgabe c)

Aspekte	Girosammeldepot	Streifbanddepot	Schließfach	Verwahrstück
Beispiele	Inhaberaktien, Bundesanleihen	Effektive Stücke, z. B. vinkulierte Namensaktie	Sparbriefe und Sparbücher	Wertvolle Bilder
Vertragsart	Kontovertrag	Verwahrvertrag	Mietvertrag	Verwahrvertrag
Kennzeichnung	Vgl. INFO	Vgl. INFO	Vgl. INFO	Vgl. Info S. 240 ff.
			Entgeltliche Gebrauchsüberlassung eines Schrankfaches zur Unterbringung von kleineren Wertgegenständen und Urkunden. Das Schrankfach steht unter dem eigenen Verschluss des Mieters und dem Mitverschluss des Vermieters. Es kann nur von beiden gemeinsam geöffnet werden.	Entgeltliche Aufbewahrung von verpackten Wertgegenständen im Tresorraum der Bank. Das Verwahrstück ist so zu verpacken, dass sein Inhalt nicht zu erkennen ist. Es ist so zu versiegeln, dass es ohne Verletzung des Siegels nicht geöffnet werden kann. Es sind Name und Anschrift des Hinterlegers auf dem Verwahrstück zu vermerken.

Aspekte	Girosammeldepot	Streifbanddepot	Schließfach	Verwahrstück
Verwaltungsarbeiten	- Zins- und Dividendengutschriften - Benachrichtigungen bei Hauptversammlungen (HV) - Stimmrechtsvollmachten - Beschaffung von Eintrittskarten zur HV	- Zins- und Dividendengutschriften - Benachrichtigungen bei HV - Stimmrechtsvollmachten - Beschaffung von Eintrittskarten zur HV	Erstellung der Jahresmietrechnung	Keine
Kosten	- jährliche Depotgebühr	- jährliche Depotkosten (höhere Kosten als bei der GS-Verwahrung)	Miete	Verwahrungsgebühr
Rechte und Pflichten der Vertragspartner	- Hinterleger ist Miteigentümer nach Bruchteilen am Sammelbestand der betreffenden Gattung. Er kann verlangen, dass ihm hieraus die ihm zustehende Menge an Wertpapieren ausgeliefert wird. - Sind die Rechte der Kapitalanleger in einer Globalurkunde verbrieft, besteht kein Anspruch auf Auslieferung effektiver Stücke.	- Verwahrer ist verpflichtet, die Wertpapiere unter äußerlich erkennbarer Bezeichnung jedes Hinterlegers gesondert von seinen eigenen Beständen und denen Dritter aufzubewahren. - Mäntel und Bögen werden grundsätzlich getrennt aufbewahrt. - Der Hinterleger ist Alleineigentümer nummernmäßig genau bestimmter Stücke - Das dem Depotkunden gefertigte Stückverzeichnis beweist seinen Anspruch auf sein Sondereigentum.	- Recht auf Zutritt zum Schließfach. - Bank hat Recht auf Mietertrag.	Hinterleger hat einen Herausgabeanspruch. Bank hat Recht auf die Verwahrgebühr.

5.10 Depotgeschäft

Lernsituation 2

Aufgabe a)

Die Schuldverschreibungen werden bei einer Wertpapiersammelbank verwahrt.

Die Verwahrung erfolgt nicht getrennt nach den Eigentümern der Wertpapiere.

Frau Simon erhält kein Eigentum an bestimmten Stücken sondern sie erhält Miteigentum nach Bruchteilen an einem Sammelbestand der Wertpapiersammelbank.

Aufgabe b)

Gutschrift der Zinsen der Inhaberschuldverschreibung

Gutschrift des Nennwertes der Schuldverschreibung bei Fälligkeit Erstellung einer Steuerbescheinigung

Erstellung eines jährlichen Depotauszuges

5.10.2 Depotstimmrecht

Aufgabe a)

Einfache Mehrheit	Qualifizierte Mehrheit
- Verwendung des Bilanzgewinns, z. B. Ausschüttung einer Dividende - Entlastung des Vorstands - Entlastung des Aufsichtsrats - Wahlen zum Aufsichtsrat - Bestellung des Abschlussprüfers - Erwerb eigener Aktien	- Neugestaltung der Vergütung des Aufsichtsrats (Satzungsänderung) - Genehmigtes Kapital (Satzungsänderung) - Bedingte Kapitalerhöhung (Satzungsänderung) - Ausschluss des Anspruchs auf Ausstellung von Mehrfachurkunden (Satzungsänderung)

Aufgabe b)

Der Erwerb bzw. Rückkauf eigener Aktien setzt einen Beschluss der Hauptversammlung voraus und ist auf 10 % des Grundkapitals begrenzt.

Gründe für die Ausgabe eigener Aktien:

- Abwendung von Schäden von der Gesellschaft, z. B. Verhinderung feindlicher Übernahmen
- Mitarbeitern können dann eigene Aktien zum Vorzugskurs angeboten werden.
- Stabilisierung des Aktienkurses

Aufgabe c)

Vgl. INFO in 5.2.2 Bezugsrechte sowie INFO in 5.5 Wandelanleihe

Ein genehmigtes Kapital bezieht sich auf eine ordentliche Kapitalerhöhung gegen Bareinlagen.

Eine bedingte Kapitalerhöhung bezieht sich auf eine in der Zukunft geplante Kapitalerhöhung unter der Bedingung, dass z. B. die Gläubiger der begebenen Wandelanleihen ihre Wandelanleihen in Aktien der Gesellschaft tauschen werden. Ähnliches gilt für die Begebung von Optionsanleihen. Hier hofft die Gesellschaft, dass die Gläubiger ihre Optionsscheine zum Erwerb der neuen Aktien ausüben werden.

Aufgabe d)

Vgl. INFO

Aufgabe d1)

Falls die Bank einen Bankmitarbeiter zur Hauptversammlung entsendet, kann Herr Walden der Bank eine allgemeine Stimmrechtsvollmacht erteilen.

Zusätzlich könnte er die Bank beauftragen, zu bestimmten Tagesordnungspunkten seinen Wünschen entsprechend abzustimmen. Gibt Herr Walden keine Vorgaben, wird die Bank in seinem Interesse zu den Tagesordnungspunkten abstimmen.

Aufgabe d2)

Die Nordbank AG ist an die Weisung ihres Kunden gebunden.

Aufgabe e)

Vgl. INFO

Die Aktien im Depot von Herrn Walden können bis zum Ende des Handelstages am Tag der Hauptversammlung gesperrt werden.

Aufgabe f)

- Schutzgemeinschaft der Kleinaktionäre e.V. (SdK)
- Deutsche Schutzvereinigung für Wertpapierbesitz e. V. (DSW)
- Dachverband der kritischen Aktionärinnen und Aktionäre e.V.

Aufgabe g)

Vgl. Stimmrechtsvollmacht im INFO

Übertragung der Stimmrechtsvollmacht durch ein Vollmachtsformular auf z. B. den SdK für die Anzahl der Aktien einer Gattung oder alle Aktien im Depot des Kunden Walden

Aufgabe h)

Herr Walden kann virtuell an der HV von der Siemens AG in München teilnehmen.

Aufgabe i)

Vorteile einer virtuellen bzw. hybriden Hauptversammlung

- Kürzere Dauer und daher effizienterer Ablauf.
- Deutliche Kosteneinsparung im Vergleich zum Präsenzevent.
- Mehr Teilnehmer durch ortsunabhängige Teilnahme.
- Effektivere Abstimmungen.
- Zeitersparnis durch automatisierte Auswertung.

5.11 Emissionsgeschäft

Aufgabe a)

- Verstärkung der Eigenkapitalbasis (Investition in Containerterminals, Logistik)
- neue Wachstumschancen wahrnehmen

5.11 Emissionsgeschäft

- Mitarbeiterbeteiligung fördern
- Bekanntheitsgrad steigern
- Internationalisierung fördern und verbessern
- Akquisitionen finanzieren

Aufgabe b)

vgl. Bookbuilding-Verfahren im INFO

Beim **Bookbuilding-Verfahren** handelt es ssich um ein Preisfindungs- und Zuteilungssystem im Rahmen eines Börsenganges. Die Kapitalgeber werden in die Preisfindung mit einbezogen. Das Bookbuilding gliedert sich in drei Phasen:

- Während des Pre-Marketings werden auf der Grundlage einer komplexen Analyse des Unternehmens verschiedene Methoden der Unternehmensbewertung angewandt und einzelne Großinvestoren angesprochen. Dabei wird die Zeichnungsspanne von in der Regel 10 bis 15 Prozent eruiert, wobei sich die Konsortialbanken oftmals die Möglichkeit einer späteren Veränderung der Zeichnungsspanne offen lassen.
- In der anschließenden Marketingphase präsentiert sich das Unternehmen auf einer Roadshow, während der Investoren ihre Order im Rahmen der Zeichnungsspanne abgeben. Diese werden in einem elektronischen Buch gesammelt. Der Konsortialführer gewinnt in dieser Zeit Klarheit hinsichtlich des quantitativen und qualitativen Ordervolumens.
- In der Bookbuildingphase legt der Konsortialführer in Absprache mit dem Emittenten den Emissionspreis und die Zuteilungskriterien fest.

Aufgabe c)

Vorteile des Bookbuilding-Verfahrens gegenüber dem Festpreisverfahren

- Das Bookbuilding-Verfahren minimiert das Risiko möglicher Fehleinschätzungen des Emissionspreises.
- Des Weiteren kann eine langfristig orientierte und ausgewogene Aktionärsstruktur entwickelt werden.
- Die Kapitalgeber werden in die Preisfindung mit einbezogen.

Aufgabe d)

Ein Bankenkonsortium/Emissionskonsortium ist als Gesellschaft bürgerlichen Rechts (BGB-Gesellschaft) organisiert. Der Konsortialvertrag regelt insbesondere den Zweck des Emissionskonsortiums, die Zusammensetzung, den Konsortialführer sowie Fragen der Haftung.

Die Funktionen des Emissionskonsortiums ergeben sich aus dem mit dem Emittenten geschlossenen Emissionsvertrag, der auch die Emissionskosten und den Emissionskurs regelt.

Aufgabe e)

Aufgaben des Bankenkonsortiums:

- Übernahme der Emission vom Emittenten
- Unterbringung einer Emission an die Anleger
- Börseneinführung der Emission
- Kurspflege

Aufgabe f)

Der **Greenshoe** ist eine Kaufoption, die dem Emissionskonsortium vom Emittenten im Rahmen eines Börsenganges eingeräumt wird. Über die zu platzierende Anzahl von Aktien hinaus werden dem Emissionskonsortium weitere Anteile (in der Regel 10 bis 15 Prozent des Emissionsvolumens) vom Unternehmen per Option zugeteilt, welche bei hoher Überzeichnung während der Zuteilung den Investoren verkauft werden, oder bis zu 30 Tage nach dem Initial Public Offering (IPO) über die Börse auch in Tranchen verkauft werden können. Nach Ende der Greenshoe-Periode muss das Bankenkonsortium die offene Position schließen. Im Falle der Nichtzuteilung des Greenshoes müssen die Aktien an die Altaktionäre zurückgegeben werden. Bei einer Ausübung des Greenshoes muss der Verkaufserlös abgeführt werden.

Beim **Streubesitz** handelt sich um frei handelbare Aktien eines Unternehmens im Besitz vieler Aktionäre, synonym Freefloat. Zum Streubesitz zählen alle Aktien, die nicht von Großaktionären (Anteil am Aktienkapital von über 5 %) gehalten werden, also vom breiten Publikum erworben und gehandelt werden können. Je höher der Streubesitzanteil ist, desto höher ist in der Regel die Handelbarkeit einer Aktie. Die Werte in den Aktienindizes der Deutsche Börse AG werden nach Börsenumsatz und Marktkapitalisierung auf Basis des Streubesitzes gewichtet.

Die **Marktkapitalisierung** spiegelt den aktuellen Börsenwert einer börsennotierten Firma wieder. Sie ergibt sich, indem man den aktuellen Aktienkurs mit der gesamten Aktienanzahl multipliziert. Dadurch unterliegt die Marktkapitalisierung ständigen Veränderungen.

Aufgabe g)

Kursstabilisierung

5.12 Anlageberatung und Aktienanalyse

Aufgabe a)

Vgl. auch INFO zu 5.12 Anlageberatung

Einteilung des Beratungsgesprächs in mehrere Phasen:

Beispiel eines Anlagegesprächs mit einer Anlageempfehlung in fünf Schritten.

Beratungsdauer: 1,5 bis zwei Stunden

1. Umfassender Überblick: Der Anlageberater verschafft sich gemeinsam mit seinem Kunden einen Überblick über seine Pläne und seine persönliche und finanzielle Lebenssituation.
2. Richtige Anlageform: Der Berater erklärt, welche Anlageformen für seine Geldanlage in Frage kommen, Spareinlage oder Wertpapiere und die richtige Mischung von beiden Anlagearten.
3. Passendes Depotmodell: Der Berater findet gemeinsam mit dem Kunden bei Wertpapieranlagen das richtige Depotmodell, je nachdem ob der Kunde eigenständig investieren oder sein Geld von Experten verwalten lassen möchte.
4. Persönliche Risikoneigung: Der Berater ermittelt gemeinsam mit dem Kunden, welches Verhältnis von Chancen und Risiken für seine persönliche Situation die richtige ist.

5.12 Anlageberatung und Aktienanalyse

5. Individuelle Anlageempfehlung: Der Kunde erhält eine individuell passende Anlageempfehlung.

Aufgabe b)

Mit **Cross-Selling** ist gemeint, nach dem eigentlichen Produktabschluss noch einen Zusatzverkauf zu erreichen. In der Informationsphase ist es dem Berater in aller Regel gelungen, jede Menge Informationen zu erhalten. Dabei erzählt der Kunde oft etwas, das dem Berater einen zusätzlichen Verkauf ermöglicht. Der Berater nutzt diese Informationen, um dem Kunden einen geeigneten kundenorientierten Vorschlag machen zu können. Nachdem der Berater mit seinem Kunden in der Verkaufsphase einen Vertrag abgeschlossen hat, trägt er anschließend den Cross-Selling-Ansatz vor.

Damit hat der Berater das Gespräch wieder in die Informationsphase gelenkt. In diesem Fall stellt der Berater seinem Kunden noch einige weitere Fragen. Je nachdem, welche Antworten er erhält, hat er evtl. die Chance, dem Kunden einen Bausparvertrag zu verkaufen. Der Kunde hat Ihnen z. B. mitgeteilt, dass er in den nächsten Jahren eine Eigentumswohnung erwerben möchte. Sie stellen fest, dass der Kunde keine Erwerbsunfähigkeitsversicherung besitzt, obwohl ihm die Gefahr einer Erwerbsunfähigkeit während seines Berufslebens bekannt ist.

5.12.1 Fundamentalanalyse

Aufgabe a)

Vgl. INFO, insbesondere § 31 WpHG

Erfragung der bisherigen Anlageerfahrungen

- Aufklärung über mögliche Risiken
- Ermittlung der Erfahrungen und Kenntnisse des Kunden mit Wertpapieranlagen
- Ermittlung der Vermögenssituation des Kunden
- Individuelle Anlageempfehlung
- Dokumentation des Gesprächs
- Überprüfung, ob Anlageziel und Anlageentscheidung übereinstimmen.
- Aufklärung über die Kosten

Für den Kunden eine Geeignetheitserklärung erstellen

Aufgabe b)

- Spekulationsmotiv: Chance auf überdurchschnittliche Kurssteigerungen nutzen
- Ertragsmotiv: Durch Beteiligung an einem Unternehmen höhere Erträge als bei anderen Anlagen erzielen, z. B. Spareinlagen
- Sachwertmotiv: Investition in eine Sachanlage, dadurch Schutz vor Geldwertverlusten (Inflation)
- Mitbestimmungsmotiv: Teilnahmerecht an der Hauptversammlung

Aufgabe c)

- Anlage in umsatzstarke Werte, die leicht veräußerbar sind
- Anlage in Standardwerte; strengere Zulassungsbestimmungen erhöhen den Anlegerschutz

- Anlage in verschiedene Werte unterschiedlicher Branchen; Verlustrisiko verteilen
- Laufende Information über Anlagewerte einholen; schnell auf Entwicklungen durch Zu- bzw. Verkauf reagieren
- Es sollten nur freie Anlagebeträge in Aktien angelegt werden, die nicht benötigt werden; keine Verkaufsnotwendigkeit in ungünstiger Börsensituation.

Aufgabe d)

Dividendenrendite:
- Verhältnis von ausgeschütteter Bruttodividende zum Aktienkurs/Ermittlung des Ertrages aus der Aktienanlage
- Bei der Touristik-Aktie mit 3 % höher, das eingesetzte Kapital verzinste sich mit 3 % gegenüber 1,9 % bei Energie-Aktie.
- Aussagekraft ist begrenzt, da nur die Vergangenheit betrachtet wird.
- Aussagekraft ist begrenzt, da nicht alle Ertragsfaktoren berücksichtigt werden.

Aufgabe e)

Kurs-Gewinn-Verhältnis (KGV):
- Verhältnis von Ergebnis pro Aktie und aktuellem Aktienkurs
- Vergleichswert mit anderen Unternehmen aus einer Branche, eines Teilmarktes oder des gesamten Börsenmarktes
- Das KGV ist bei Energie-Aktie bislang günstiger.
- Ein niedrigeres KGV verspricht tendenziell höheres Kurspotential.

5.12.2 Technische Analyse

Aufgabe a)

Vgl. INFO zur technischen Aktienanalyse
- Perioden, in denen heftige Bewegungen stattfinden, werden ausführlich durch Zacken dargestellt.
- Ein Aufwärtstrend ist durch steigende Hoch- und Tiefpunkte im Kursverlauf gekennzeichnet.

Aufgabe b)

Man erkennt den Trend und Trendumkehrungen, indem man börsenbezogene Daten wie Kursverlauf, Handelsvolumina und technische Indikatoren analysiert. Bei Aufwärtstrends verbindet eine Trendlinie zwei steigende Tiefpunkte miteinander, zwischen denen mindestens ein klar definierter Hochpunkt (Spitze) liegen muss. Ein Abwärtstrend ist durch fallende Maxima und Minima im Kursverlauf gekennzeichnet. Dabei verbindet eine Trendlinie zwei fallende Hochpunkte (Spitzen) miteinander, zwischen denen mindestens ein deutlich erkennbarer Tiefpunkt (Boden) vorhanden sein muss.

im Zuge einer langfristigen Aufwärtsbewegung kommt es immer wieder zu kurzfristigen Kurskorrekturen und im Zuge einer Abwärtsbewegung zu Kurserholungen (technische Reaktion). Die Dauer solcher Kurskorrekturen und Kurserholungen ist unbestimmt, häufig vollziehen sich Kursänderungen in Trendrichtung relativ schnell und plötzlich, während die Phase

5.12 Anlageberatung und Aktienanalyse

der kurzfristigen Kurskorrektur oder die Phase der kurzfristigen Kurserholung einen längeren Zeitraum umfasst. Man bezeichnet diese Phasen daher auch als Konsolidierungsphasen, in denen sich der Markt an das neu gefundene Kursniveau gewöhnen muss.

Konsolidierungsphasen bilden sich in Konsolidierungsformationen ab. Konsolidierungsformationen entstehen durch ein Auf und Ab der Kurse. Die Bereiche der Kursbewegung werden dadurch gekennzeichnet, dass man die Hochpunkte und Tiefpunkte der Kursbewegung in diesen Zeitintervallen miteinander verbindet. Je nach der Form der sich auf diese Weise ergebenden Figuren spricht man von Keilen, wenn sowohl die obere als auch die untere Begrenzungslinie entgegen der Trendbewegung verlaufen und aufeinander zulaufen. Man spricht von Flaggen, wenn die Begrenzungslinien entgegen der Trendbewegung, aber parallel verlaufen und von Wimpeln, wenn die obere Begrenzungslinie entgegen dem Trend, die untere Begrenzungslinie mit dem Trend verläuft.

Flaggen und Keile, die Konsolidierungsphasen im Verlauf eines Abwärtstrends markieren, sind abwärts gerichtet, wohingegen Flaggen und Keile, die eine Erholungsphase im Verlaufe eines Abwärtstrends markieren, aufwärts gerichtet sind.

Aufgabe c)

Vgl. „Signale" im INFO

Börsenkurse entwickeln sich durch das gleichgerichtete Verhalten der Marktteilnehmer in Trends. Ausgehend von den grafisch dargestellten historischen Kursen und Umsätzen wird die weitere Entwicklung der Aktie prognostiziert, d.h. aus dem bidherigen Kursverlauf kann der zukünftige Kursverlauf prognostiziert werden. Bestimmte Formationen des Kursverlaufs lassen nach der Charttechnik auf eine Fortsetzung bzw. Beendigung des Kurstrends schließen. Ist die Trendrichtung ausgemacht, wird dies als Kauf- bzw. Verkaufssignal angesehen.

Aufgabe d)

Vgl. INFO

Aufgabe e)

Vgl. „Unterstützungslinien/Widerstand" im INFO

5.13 Besteuerung von Zinsen, Dividenden und Kursgewinnen

Lernsituation 1

Aufgabe a)

5,75 % von 22.500,00 EUR	1.293,75 EUR
- 25 % Abgeltungsteuer	323,43 EUR
- 5,5 % SolZ auf Abgeltungsteuer	17,78 EUR
= Nettozinsertrag	**952,54 EUR**

Aufgabe b)

5,75 % von 22.500,00 EUR	1.293,75 EUR
- FSA	225,50 EUR
= Zwischensumme	1.068,25 EUR
- 25 % Abgeltungsteuer	267,06 EUR
- 5,5 % SolZ auf Abgeltungsteuer	14,68 EUR
= Zwischensumme	786,51 EUR
+ FSA	225,50 EUR
= Nettozinsertrag	**1.012,01 EUR**

Lernsituation 2

Aufgabe a)

Bardividende 0,80 EUR je Aktie x 400	320,00 EUR
- 25 % Abgeltungsteuer	80,00 EUR
- 5,5 % SolZ auf Abgeltungsteuer	4,40 EUR
= Gutschriftsbetrag	**235,60 EUR**

Aufgabe b)

Bardividende 0,80 EUR je Aktie x 400	320,00 EUR
- FSA	100,00 EUR
= Zwischensumme	220,00 EUR
- 25 % Abgeltungsteuer	55,00 EUR
- 5,5 % SolZ auf Abgeltungsteuer	3,02 EUR
= Zwischensumme	161,98 EUR
+ FSA	100,00 EUR
= Nettodividendenertrag	**261,98 EUR**

5.13 Besteuerung von Zinsen, Dividenden und Kursgewinnen

Lernsituation 3

Für 100,00 EUR Zinsen, Dividenden oder Kursgewinne ergeben sich 24,45 EUR Abgeltungssteuer sowie 1,34 EUR Solidaritätszuschlag (berechnet von 24,45 EUR) und 2,20 EUR Kirchensteuer (berechnet von 24,45 EUR), also insgesamt **27,99 EUR**.

Lernsituation 4

Kaufpreis	4.267,33 EUR
Verkaufspreis	6.378,69 EUR
Veräußerungsgewinn	2.111,36 EUR
- FSA	100,00 EUR
= Zwischensumme	2.011,36 EUR
- 25 % Abgeltungssteuer	502,84 EUR
- 5,5 % SolZ auf Abgeltungsteuer	27,65 EUR
= Zwischensumme	1.480,87 EUR
+ FSA	100,00 EUR
Nettoveräußerungsgewinn	**1.580,87 EUR**

Lernsituation 5

Veräußerungsgewinn	1.600,00 EUR
- Veräußerungsverlust	1.100,00 EUR
Bestand im Steuerverrechnungstopf des Kunden	0,00 EUR
verbleibender Veräußerungsgewinn	500,00 EUR
noch verbleibender FSA	301,00 EUR
gutzuschreibender Gesamtertrag	**1.600,00 EUR**

Lernsituation 6

Da es sich bei den zu zahlenden Stückzinsen für Herrn Wohltmann um einen Aufwand handelt, erhöhen diese Stückzinsen den Saldo seines allgemeinen Steuerverrechnungstopfs.

Lernsituation 7

Ermittlung der Zinsgutschrift	
Bruttozinsen	2.100,00 EUR
Bestand im Allgemeinen Steuerverrechnungstopf	1.052,88 EUR
- freigestellte Zinsgutschrift vom März	200,00 EUR
Verbleibende Stückzinsen aus dem Allgemeinen Steuerverrechnungstopf	852,88 EUR
+ Freistellungsauftrag	500,00 EUR

Aktuelles Freistellungsvolumen	1.352,88 EUR
= Steuerpflichtiger Zinsertrag (2.100,00 – 1.352,88)	747,12 EUR
- 25 % Abgeltungssteuer	186,78 EUR
- 5,5 % SolZ auf Abgeltungsteuer	10,27 EUR
Bruttozinsen	2.100,00 EUR
- Abgeltungssteuer	186,78 EUR
- SolZ	10,27 EUR
= **Zinsgutschrift**	**1.902,95 EUR**

5.14 Besteuerung von Investmenterträgen

Lernsituation 1

15 % von 25 Mio. EUR = 3,75 Mio. EUR

Lernsituation 2

Aufgabe a)

Rücknahmepreis Januar 20.. – Rücknahmepreis von Dezember 20.. = 170 – 150 = 20 EUR

(die Begrenzung auf den Wertzuwachs im Kalenderjahr von 170 EUR – 150 EUR = 20 EUR wird nicht überschritten)

70 % vom Basiszinssatz von 1 % = 0,70 %

Basisertrag = 0,70 % von 150,00 EUR = 1,05 EUR

Vorabpauschale = Basisertrag – Ausschüttung

Vorabpauschale für einen Anteil = 1,05 – 0 = 1,05 EUR

70 % Teilfreistellung von der Vorabpauschale entspricht 0,735 EUR pro Anteil, der steuerpflichtig ist.

Steuerpflichtiger Kapitalertrag bei 500 Anteilen: 500 x 0,735 EUR = 367,50 EUR

Aufgabe b)

Verbleibender Freistellungsbetrag: 1.000,00 EUR – 367,50 EUR = 632,50 EUR

Aufgabe c)

Die Vorabpauschale von 367,50 EUR wird auf den Freistellungsbetrag von 1.000,00 EUR angerechnet, sofern er nicht für andere Kapitalerträge verwendet wurde. Deshalb fallen hier keine Kapitalertragsteuern an.

Lernsituation 3

Rücknahmepreis 2.1. 20.. von 150,00 EUR – Rücknahmepreis am 1.2.des nächsten Jahres von 180,00 EUR = Kapitalertrag 70 % (Teilfreistellung) von 30,00 EUR= 21,00 EUR

Bei 500 Anteilen beträgt der Kapitalertrag 10.500,00 EUR

Kapitalertrag 500 Anteile	10.500,00 EUR
- Freistellungsbetrag	632,50 EUR
Kapitalertrag	9.867,50 EUR
- 25 % Abgeltungsteuer	2.466,88 EUR
- 5,5 SolZ von der Abgeltungsteuer	135,68 EUR
Zwischensumme	7.264,94 EUR
+ Freistellungsbetrag	632,50 EUR
Kapitalertrag	**7.897,44 EUR**

Lernsituation 4

Aufgabe a)

Der Basisertrag beträgt: (70 % von 1 %) von 135 = 0,945 EUR

Die Begrenzung auf den Wertzuwachs im Kalenderjahr von 140,00 EUR – 135,00 EUR + 0,30 EUR = 5,30 EUR wird nicht überschritten.

Vorabpauschale 2024 = Basisertrag – Ausschüttung

Die Vorabpauschale für 2024 beträgt 0,945 EUR – 0,30 EUR = 0,645 EUR

Der Basisertrag ist auf den Mehrbetrag begrenzt, der sich zwischen dem 1ersten und dem letzten im Kalenderjahr festgesetzten Rücknahmepreis zuzüglich der Ausschüttungen innerhalb des Kalenderjahres ergibt. Da die Ausschüttung (0,30 EUR) geringer ist als der Basisertrag (0,945 EUR), muss die Anlegerin zusätzlich zur Ausschüttung die Vorabpauschale versteuern.

Die Ausschüttung und die Vorabpauschale sind zu unterschiedlichen Zeitpunkten zu versteuern: Die Ausschüttung ist der Anlegerin aus steuerlicher Sicht zugeflossen (und damit steuerpflichtig), sobald sie darüber verfügen konnte, also im Steuerjahr 2024.

Die Vorabpauschale gilt dagegen erst am ersten Werktag des Folgejahres (also 2025) als zugeflossen.

Aufgabe b1)

Im Steuerjahr 2024 ist die Ausschüttung zu versteuern.

Steuerpflichtiger Betrag pro Anteil

Teilfreistellung 70 % von 0,30 = 0,21 EUR

Bei 1.500 Anteilen ist ein Betrag von 315,00 EUR steuerpflichtig. Sofern der Freibetrag von 500,00 EUR noch nicht durch andere Kapitalerträge reduziert wurde, zieht die deutsche depotführende Stelle keine Kapitalertragsteuer und keinen Soli ab.

Aufgabe b2)

Im Steuerjahr 2025 ist die Vorabpauschale 2024 zu versteuern.

steuerpflichtiger Betrag pro Anteil

Teilfreistellung 70 % von 0,645 = 0,452 EUR

Bei 1.500 Anteilen ist ein Betrag von 678,00 EUR steuerpflichtig. Sofern der Freibetrag von 500,00 noch nicht durch andere Kapitalerträge reduziert wurde, fallen auf 178,00 EUR Kapitalertragsteuer und Soli an.

Der steuerpflichtige Betrag 2025 beträgt 678,00 EUR ./. FSA 500,00 EUR = 178,00 EUR

25 % Kapitalertragsteuer 44,50 EUR

5,5 % SolZ 2,45 EUR

Steuerabzug durch deutsche depotführende Stelle 46,95 EUR

5.15 Eurex Deutschland

Lernsituation 1

Aufgabe a)

Die Markterwartung von Herrn Schönfeld ist negativ. Puts bieten daher die einzige Möglichkeit, sein bestehendes Aktiendepot so abzusichern, dass ein im Voraus bestimmter Verkaufspreis nicht unterschritten wird. Ein feststehender maximaler Kursverlust wird nicht überschritten. Herr Schönfeld koppelt sich somit von negativen Börsenentwicklungen für die Zeit der Absicherung ab. Der Long Put ist die optimale Position für die Absicherung von aufgelaufenen Aktienkursgewinnen nach einem Kursaufschwung. Liegt der Kurs des Basiswertes am Verfalltag tatsächlich entsprechend der Markterwartung unterhalb des Basispreises, so ist der Käufer des Puts im Gewinn. Während seine Aktien im Depot an Wert verlieren, gewinnt er mit der Optionssicherung. Eine depotgenaue Absicherung ist schwierig. Liegt der Kurs des Basiswerts am Verfalltag über dem Basispreis, wird die Option wertlos ausgebucht. Herr Schönfeld hat in diesem Fall die Optionsprämie verloren. Kommt es innerhalb der Absicherungsperiode bis zum Juni des laufenden Jahres zu dem von Herrn Schönfeld erwarteten Kursverfall, verlieren seine Aktienpositionen zwar an Wert, jedoch steigt gleichzeitig der Wert der von ihm erworbenen Puts, so dass der aktuelle Depotwert unverändert bleibt.

Aufgabe b)

Herr Schönfeld schließt folgende Verträge zur Depotabsicherung ab:

Basiswert	Option	Basispreis	Laufzeit	Optionspreis
Chemie AG	Put	42,00	Juni	2,70
Elektro AG	Put	115,00	Juni	10,50
Stahl AG	Put	32,00	Juni	3,13
Tele AG	Put	50,00	Juni	4,00

Aufgabe c)

Kursabsicherung für 4 Aktienpositionen:

Emittent	Kontrakt-größe	Basispreis	Aktueller Kurs	Options-preis	Laufzeit	Summe in EUR
Chemie AG	2	42,00	45,65	2,70	Juni	2.700,00
Elektro AG	1	115,00	116,70	10,50	Juni	5.250,00
Stahl AG	2	32,00	32,10	3,13	Juni	3.130,00
Tele AG	2	50,00	56,40	4,00	Juni	4.000,00
						15.080,00

Lernsituation 2

Aufgabe a)

Herr Hartenstein hat aus langfristigen Überlegungen heraus ein Aktiendepot aufgebaut und durch Nachbildung des DAX versucht, eine geeignete Streuung der unternehmens- und branchenbedingten Risiken zu erreichen. Trotz dieser Streuung bleibt sein Depot jedoch anfällig für allgemeine Kursrückschläge des Gesamtmarktes, denen sich Einzeltitel nicht vollständig entziehen können. Da langfristige Überlegungen bei Herrn Hartenstein im Vordergrund stehen, kann er nicht bei jeder Kursabwärtsbewegung das gesamte Depot verkaufen, um dann zu einem späteren Zeitpunkt alles zurückzukaufen. Mit dem Kauf von DAX-Puts überträgt Herr Hartenstein gegen Zahlung des Optionspreises das allgemeine Kursrisiko für eine bestimmte Zeit auf den Verkäufer der Option, der wiederum eine andere Markterwartung hat.

Sollten die Kurse dann tatsächlich sinken, erzielt Herr Hartenstein aus seiner Put-Position einen Erlös. Die dem Depot auf der Aktienseite entstandenen Verluste können dann bei einer vollständigen Absicherung durch die Gewinne der DAX-Option ausgeglichen werden. Das Gewinnpotential im Falle steigender Kurse bleibt erhalten und Dividenden fließen Herrn Hartenstein nach wie vor zu.

Aufgabe b)

Eine Option auf den DAX zielt auf die Tendenz des Gesamtmarktes ab und nicht auf die Kursentwicklung einer Einzelaktie. Sie erlaubt es, bestehende oder auch geplante Aktiendepots mit nur einer Transaktion gegen das Risiko unerwünschter Kursbewegungen zu versichern. Da eine Option nur das Recht, aber nicht die Pflicht zur Ausübung einräumt, hat der Inhaber die größtmögliche Flexibilität hinsichtlich seiner Entscheidung nach dem Kauf.

Die Eurex-DAX-Option ist ein Indexoptionskontrakt. Ein Index ist im Gegensatz zu einer Aktie kein handelbares Gut. Daraus ergeben sich andere Abrechnungsmodalitäten für DAX-Optionen. Jeder DAX-Options-Kontrakt ist zehnmal den aktuellen DAX-Stand wert. Bei einem DAX-Stand von 22.000 Punkten beträgt der Wert eines Kontraktes also 220.000 EUR. Der DAX ist ein künstliches Rechengebilde, das die Kurse der 40 größten deutschen Aktien in bestimmten, festgelegten Anteilen einer Größe zusammenfasst. Es wäre also außerordentlich schwierig, bei Ausübung einer DAX-Option alle 40 Werte in den richtigen Größenordnungen zu liefern. Deshalb gibt es bei Indexoptionskontrakten nicht den Anspruch auf Lieferung des Basiswertes, sondern die DAX-Option wird über einen Barausgleich erfüllt. Der jeweils zu zahlende Betrag ergibt sich aus der Differenz zwischen Basispreis und Indexstand bei Ausübung multipliziert mit dem Indexmultiplikator 10.

Kauft Herr Hartenstein z. B. einen DAX-Put auf der Basis eines aktuellen DAX-Standes von 22.000 Punkten mit Fälligkeit im März 20.., erwirbt er damit das Recht, nicht aber die Pflicht, sich die Differenz, um die der Indexstand bei Ausübung der Option den Basispreis von 22.000 Punkten unterschreitet, multipliziert mit 10 auszahlen zu lassen. Beträgt der DAX entsprechend Herrn Hartensteins Markterwartung bei Ausübung 21.700 Punkte, bekommt Herr Hartenstein 3.000,00 EUR vom Verkäufer des Puts ausgezahlt.

Ein Future begründet dagegen eine feste Verpflichtung und gestattet kein Wahlrecht.

Ein Future ist eine feste vertragliche Vereinbarung, eine standardisierte Menge eines bestimmten Finanzinstruments (Basiswert), zu einem im Voraus festgelegten Preis (Future-Preis) und zu einem späteren Zeitpunkt (Liefertag, Fälligkeit) zu liefern (Verkäufer des **Futures**) oder abzunehmen (Käufer des Futures). Der Preis für den Basiswert wird also heute festgelegt und die Erfüllung findet zu einem bestimmten zukünftigen Datum statt. Wie bei der DAX-Option liegt auch dem DAX-Future ein abstrakter, künstlicher Basiswert zugrunde und ein für die Zukunft fest vereinbarter Preis.

Käufer und Verkäufer haben unterschiedliche Pflichten:

1. Der Käufer eines DAX-Futures (Long Position) hat die Verpflichtung, am Erfüllungstermin ein standardisiertes Vielfaches des DAX zu einem im Voraus festgelegten Preis zu kaufen.
2. Der Verkäufer eines DAX-Futures hat die Verpflichtung, am Erfüllungstermin ein standardisiertes Vielfaches des DAX zu einem im Voraus festgelegten Preis zu verkaufen.

Ebenso wie die DAX-Option schafft der DAX-Future die Möglichkeit, den gesamten deutschen Aktienmarkt in einem Instrument zu handeln. Das spart Zeit und Kosten für Herrn Hartenstein. Der Preis des DAX-Futures steigt mit dem DAX und fällt ebenso mit dem DAX. Wer steigende Kurse erwartet, wird also DAX-Futures kaufen und wer fallende Kurse erwartet wird DAX-Futures verkaufen. Gehen die jeweiligen Markterwartungen in Erfüllung, kann der Anleger seine Position mit Gewinn wieder schließen, in dem er die gleiche Anzahl DAX-Future-Kontrakte mit dem entgegengesetzten Geschäft wieder schließt. Eine Long-Position wird durch eine Short-Position geschlossen und umgekehrt. Es findet keine effektive Lieferung des Basiswertes statt.

Aufgabe c)

Optionen sind standardisierte, börsenmäßig handelbare Verträge, die dem Käufer des Vertragsgegenstands folgende Rechte geben:

- eine bestimmte Menge des Basiswertes
- innerhalb der Optionsfrist
- zum Basispreis
- zu kaufen oder zu verkaufen.

Dafür zahlt der Käufer dem Verkäufer die Optionsprämie bei Vertragsschluss.

Futures sind standardisierte, börsenmäßig handelbare Verträge mit folgenden Verpflichtungen:

- eine bestimmte Menge des Basiswertes

5.15 Eurex Deutschland

- zu einem festgelegten Preis (erfolgt bei Vertragsschluss)
- zu einem vereinbarten Zeitpunkt
- zu liefern oder abzunehmen.

Futures sind Fixgeschäfte, bei denen Käufer und Verkäufer bindende Verpflichtungen eingehen. In der Praxis erfolgt keine Lieferung bei Fälligkeit, sondern eine entsprechende Glattstellung durch ein Gegengeschäft.

Eine **Option** auf den DAX zielt auf die Tendenz des Gesamtmarktes und nicht auf die Kursentwicklung einer Einzelaktie ab. Sie erlaubt es, bestehende Aktiendepots mit nur einer Transaktion gegen das Risiko unerwünschter Kursbewegungen abzusichern. Da eine Option nur das Recht, nicht aber die Verpflichtung zur Ausübung einräumt, hat der Inhaber größtmögliche Flexibilität hinsichtlich seiner Entscheidung.

Die Entscheidung, welche Alternative zur Kursabsicherung gewählt werden sollte, hängt davon ab, ob Herr Hartenstein eher mit einem DAX-Anstieg oder eher mit einem DAX-Rückgang rechnet.

Alternative: Abschluss einer Option auf den DAX

Ermittlung der Kontraktgröße:

aufgerundet 18 Kontrakte

Ermittlung des Optionspreises:

DAX-Option	Basiswert	Laufzeit	Optionspreis in EUR	Anzahl der Kontrakte	Gesamtpreis in EUR 294 x 18 x 5
Put	22800	März	294,00	18	26.460,00

Ermittlung der Kursabsicherungskosten:

DAX-Basispreis	22.800
DAX-Stand nach Aktienstandrückgang	22.050,55
Differenz	749,45
Multipliziert mit 18 Kontraktgröße	13.490,10
Multipliziert mit Faktor 5	67.450,50
./. Optionspreis	26.460,00
Gewinn aus der Kursabsicherung in EUR	40.990,50

Depotwertverlust	70.000,00 EUR
Gewinn aus der Kursabsicherung (+)	40.990,50 EUR
Verlust	29.009,50 EUR

Alternative: Abschluss eines DAX-Futures

Der Verkauf von DAX-Futures wäre für Herrn Hartenstein die mögliche Depotabsicherungsalternative. Diese Alternative erlaubt ihm den vorübergehenden Ausstieg aus dem Markt, ohne sämtliche Aktien verkaufen zu müssen. Tritt der erwartete Kursrückgang ein, kann die Future-Short-Position durch den Kauf von einer gleichen Anzahl DAX-Futures glatt gestellt werden.

Durch den Rückgang des DAX kauft Herr Hartenstein die Futures jedoch billiger, als er sie bei Positionseröffnung verkauft hat, und hat somit einen Gewinn realisiert, der zum Ausgleich für Verluste aus seinem Aktiendepot dient.

Ermittlung der Kontraktgröße:

aufgerundet 4 Kontrakte

Angenommen der DAX sinkt wie von Herrn Hartenstein erwartet auf dann DAX-Stand im März 22050,55

Kontraktwert alt   22833,95
Kontraktwert neu 22050,55
Differenz   783,40 Notierungspunkte

Jeder Notierungspunkt entspricht 25 Euro, multipliziert mit der Kontraktgröße (hier: 4 Kontrakte). Der Gewinn aus der Kursabsicherung beläuft sich auf 783,40 Notierungspunkte mal 100 = 78.340,00 Euro. Der Depotwertverlust beträgt 70.000,00 EUR.

Depotwertverlust	70.000,00 EUR
Gewinn aus der Kursabsicherung	78.340,00 EUR
Gesamtgewinn	8.340,00 EUR

Bei einem fallenden DAX wäre es für Herrn Hartenstein günstiger einen Future auf den DAX abzuschließen. Herr Hartenstein müsste bei der Nordbank AG zwar eine Sicherheitsleistung (Margin) bereithalten, von der die Gebühren für die Eurex täglich berechnet und bezahlt würden. Der Barausgleich mit dem Kontrahenten des Futuregeschäfts wäre aber für Herrn Hartenstein positiv, nämlich 78.340,00 EUR. Die gesamte Kursabsicherung bei einem DAX-Rückgang von ca. 3,43 % bringt Herrn Hartenstein 8.340,00 EUR Depotwertgewinn.

Bei der Kursabsicherung über eine DAX-Option bei einem DAX-Rückgang von ca. 3,43 % ergibt sich für Herrn Hartenstein hingegen ein Verlust von 29.005,00 EUR.

Sollte der DAX wider Erwarten von aktuell 22833,95 um 3,43 % auf 23617,35 steigen, wäre eine DAX-Option für Herrn Hartenstein günstiger gewesen:

1. Alternative:

Ein Depotwertgewinn 70.000,00 EUR abzüglich des Optionspreises in Höhe von 26.460,00 EUR ergibt einen **Gesamtgewinn von 43.540,00 EUR**.

2. Alternative:

Ein Depotwertgewinn 70.000,00 EUR abzüglich der Futurekosten von 78.340,00 EUR (Barausgleich) ergibt einen **Gesamtverlust in Höhe von 8.340,00 EUR**.
(DAX-Stand 23617,35 ./. Preis Future-DAX 22833,95 = 783,40
multipliziert mit 100 = 78.340,00 EUR)

6 Kreditgeschäft Finanzierungsvorhaben begleiten

6.1 Grundpfandrechte

6.1.1 Grundstückskaufvertrag und Beurkundung

Aufgabe a)

Vgl. „Beurkundung" im INFO

- Schutz des Käufers und des Verkäufers wegen der hohen Vertragssumme bei Grundstückskäufen
- Eintragungen ins Grundbuch erfordern juristisch korrekte Angaben.
- Rechtssicherheit für Vertragspartner

Aufgabe b)

Auflassung und Eintragung ins Grundbuch (Antrag und Bewilligung des Verkäufers)

6.1.2 Wesentliche Bestandteile und Zubehör eines Grundstücks

Aufgabe a)

Vgl. § 93 BGB im INFO

Für die Beseitigung der Bäume sind die Eigentümer des Grundstücks verantwortlich.

Aufgabe b)

Vgl. §§ 93 und 94 BGB im INFO

Wesentlicher Bestandteil eines Bürogebäudes ist z. B. der Aufzug im Gebäude; Zubehör könnte das auf dem Gelände liegende Streugut für den Winter sein.

Aufgabe c)

Sache	wesentlicher Bestandteil	Zubehör
1. altes Stallgebäude, halbunterkellert	X	
2. landwirtschaftliche Geräte, z.B. Mähmaschine und Traktor, die im Stallgebäude untergebracht sind		X
3. ein Wohnwagen, der auf dem Grundstück abgestellt ist	-	-
4. 10 ca. 13 m hohe Fichten	X	
5. Äpfel an 5 Apfelbäumen	X	
6. 5 Stapel Kaminholz		X

Aufgabe d)
- kostenintensiver Abriss und Entsorgung vor der Gebäudeerrichtung
- ertragbringende Nutzung z. B. von Obstgrundstücken

Aufgabe e)
Der Eigentümer trägt die Kosten für die Beseitigung und Entsorgung.

6.1.3 Das Grundbuch

Aufgabe a)
Vgl. INFO

Der Grundstückseigentümer hat sich aufgrund dieser Eintragungen verpflichtet, zuzulassen, dass andere Personen, etwa die Telekom das Grundstück für Kabelverlegungen nutzen kann oder

dass andere Personen Erträge z. B. Obsternten aus dem Grundstück nutzen können.

Aufgabe b)
Vgl. „Grundbucheintragungen" im INFO

Antrag und Bewilligung durch den Grundstückseigentümer

Aufgabe c)
Vgl. „Rangfolge der Eintragungen" im INFO

Rangfolge: II Ziffer 1; III Ziffer 1; II Ziffer 2; II Ziffer 3; II Ziffer 4; II Ziffer 5; II Ziffer 6

Aufgabe d)
Vgl: "Nießbrauch" im INFO

Der Eigentümer muss das Nutzungsrecht (Nießbrauchrecht) gegenüber dem Begünstigten im Grundbuch dulden, z. B. ein Wohnrecht. Beim Verkauf des Grundstücks mindern solche Rechte den Wert des Grundstücks.

Aufgabe e)
Vgl. „Vorkaufsrecht" im INFO

Bei einem Verkauf des Grundstücks muss der Grundstückseigentümer zunächst dem Vorkaufsberechtigten das Grundstück zum Kauf anbieten.

Aufgabe f)
Der Grundstückseigentümer muss dem jeweiligen Eigentümer des Grundstücks, zu dessen Gunsten die Eintragung erfolgt ist, gestatten, über sein Grundstück zu gehen und zu fahren.

Aufgabe g)
Die Eintragung wirkt sich negativ auf den Wert der Immobilie aus, da die Nutzung des Grundstücks durch das Geh- und Fahrrecht eingeschränkt ist.

Aufgabe h)
Vgl. „Grundbucheintragungen" und „Löschungsbewilligung" im INFO

Löschungen im Grundbuch können nur vorgenommen werden, wenn der Begünstigte im Grundbuch der Löschung zugestimmt hat (Antrag und Bewilligung des im Grundbuch Abteilung II Begünstigten).

Aufgabe i)

Die Eintragung des dinglichen Zinses soll bei einer Neufinanzierung die Kosten für eine erneute Eintragung ersparen.

Aufgabe j)

Vgl. „Zwangsvollstreckungstitel" im INFO

Der Grundstückseigentümer unterwirft sich der sofortigen Zwangsvollstreckung im Falle des Kreditausfalls.

6.2 Privatdarlehen

6.2.1 Baufinanzierung

Aufgabe a)

- Grundbuchauszug: Feststellung der rechtlichen Verhältnisse des Grundstücks (Eigentümer, Vorlasten). Das Grundbuch wird voraussichtlich noch den alten Eigentümer ausweisen.
- Auszug aus der Flurkarte: Beschreibung der Lage und des Zuschnitts des Grundstücks
- Bauzeichnung: Sie zeigt die Umrisse des Gebäudes und dient der Ermittlung des umbauten Raums und der Marktgängigkeit des Objekts.
- Baubeschreibung: Sie gibt Auskunft über die Bauqualität.
- Kostenvoranschlag: Ermittlung der vom Architekten veranschlagten Baukosten

Aufgabe b)

Finanzierungsplan	
Gesamtkosten	750.000,00 EUR
- Eigene Mittel	250.000,00 EUR
- Bausparvertrag	200.000,00 EUR
= Finanzierungslücke	300.000,00 EUR

Aufgabe c)

Ermittlung des Beleihungswertes für die Familie Bollin nach dem Abschlagsverfahren:

1. Ermittlung des Bodenwertes	
Grundstücksgröße: 600 qm	
Gezahlter Kaufpreis: 300 EUR/qm	
Angemessener Kaufpreis: 200 EUR/qm	120.000,00 EUR
Erschließungskosten	20.000,00 EUR
Bodenwert	**140.000,00 EUR**

2. Ermittlung des Bauwertes	
Umbauter Raum: 800 cbm	
Angemessene Baukosten: 650 EUR/cbm	520.000,00 EUR
+ Baunebenkosten (8 %, abgerundet)	41.000,00 EUR
= Angemessene Herstellungskosten	561.000,00 EUR
- Wertabschlag: (25 %)	140.250,00 EUR
Herstellungskosten abgerundet auf volle 10.000,00 EUR	**420.000,00 EUR**
+ Außenanlagen 5 % der Herstellungskosten	**21.000,00 EUR**
Bauwert	**441.000,00 EUR**

3. Ermittlung des Sachwertes	
Bodenwert	140.000,00 EUR
Bauwert	441.000,00 EUR
Sachwert = Bodenwert + Bauwert	581.000,00 EUR
Beleihungswert	**581.000,00 EUR**

Aufgabe d)

Beleihungsgrenze nach dem Abschlagsverfahren: 60 % von 581.000,00 EUR = 348.600,00 EUR, abgerundet auf **340.000,00 EUR**

4. Ermittlung des Ertragswertes	
Wohnfläche: 191 qm, Geschätzter Mietertrag: 15 EUR/qm	
Jahresrohertrag	34.380,00 EUR
./. Bewirtschaftungskosten (25 %)	8.595,00 EUR
= Zwischensumme	25.785,00 EUR
- 5 % Bodenwertverzinsung vom Bodenwert von 180.000,00 EUR	9.000,00 EUR
= Jahresreinertrag	16.785,00 EUR
Kapitalisierungsfaktor = 20 bei einem Kapitalisierungszinsfuß von 5 %	335.700,00 EUR
+ Bodenwert	180.000,00 EUR
= Ertragswert	**515.700,00 EUR**

5. Ermittlung der Beleihungsgrenze nach dem Ertragswertverfahren	
Beleihungswert	**515.700,00 EUR**
Beleihungsgrenze = 60 % des Beleihungswertes	309.420,00 EUR
Abgerundet auf volle 10.000,00 EUR	**300.000,00 EUR**

6. Ermittlung des Beleihungswertes nach dem Abschlagsverfahren:

60 % von 581.000,00 EUR = 348.600,00 EUR abgerundet auf volle 10.000,00 EUR = 340.000,00 EUR

Aufgabe e)

15 Jahre 2,61 % p.a. und 1 % Tilgung

Aufgabe f)

Annuitätendarlehen	300.000,00 EUR
2,61 % Zinsen pro Jahr	7.830,00 EUR
+ 1 % Tilgung p.a.	3.000,00 EUR
Jahresrate	10.830,00 EUR
Monatsrate	902,50 EUR
Bauspardarlehen	120.000,00 EUR
Bausparrate pro Monat: 6 Promille der Bausparsumme von 200.000,00 EUR	1.200,00 EUR
Annuitätendarlehen/Monatsrate	902,50 EUR
Bauspardarlehen/Monatsrate	1.200,00 EUR
Gesamtbelastung	2.102,50 EUR
Nettoeinkommen für Ehepaar Bollin	5.800,00 EUR
- Darlehensraten	2.102,50 EUR
= Frei verfügbarer Betrag	3.697,50 EUR

Das Gesamtnettoeinkommen der Eheleute Bollin reicht aus, die Belastungen durch die beiden Darlehen anfänglich zu tragen. Es müsste jetzt noch überprüft werden, ob die Einkommen auch in Zukunft dauerhaft erzielbar sind.

Aufgabe g)

Einigung zwischen dem Ehepaar Bollin und der Nordbank AG zur Eintragung einer Grundschuldbestellung (Antrag und Bewilligung durch das Ehepaar Bollin) und Eintragung der Grundschuld in das Grundbuch

Aufgabe h)

Zur Sicherheit und aus Gründen der Kostenersparnis wird für eine künftige Anschlussfinanzierung ein Zinssatz von 15 % eingetragen. Sollte sich das Zinsniveau in der Zukunft erhöhen, braucht der Zinssatz im Grundbuch nicht mehr angepasst werden.

Mit der Zwangsvollstreckungsklausel unterwirft sich das Ehepaar Bollin der sofortigen Zwangsversteigerung des Objekts.

6.2.2 Finanzierung einer Eigentumswohnung durch Bauspardarlehen

Aufgabe a)

- Die Bauspar AG stellt mit der Zuteilung die Bausparsumme (Bausparguthaben und Bauspardarlehen) bereit.
- Antrag auf Zuteilung durch den Bausparer
- wohnwirtschaftliche Verwendung des Bauspardarlehens
- grundpfandrechtliche Absicherung des Bauspardarlehens
- personelle und materielle Kreditwürdigkeit des Darlehensnehmers

Aufgabe b)

Ja, Herr Lange muss noch zwei Sparraten bis Ende Juni des nächsten Jahres in den Bausparvertrag einzahlen, um die Mindestansparsumme zu erreichen.

Rechenweg: 29.522,00 EUR + 450,00 EUR (2 Sparraten) + 29,52 EUR Zinsen (0,1 % von 29.522,00) = 30.001,52 EUR

Aufgabe c)

6 Promille von 75.000,00 EUR = 450,00 EUR

Aufgabe d)

Ablauf eines Immobiliarkredit-Beratungsgesprächs

Phase 1:

Bereitstellung allgemeiner Produktinformationen durch jeden Mitarbeiter bzw. Primärbetreuer nach § 675 a Abs. 2 BGB

Phase 2

- Beratungsgesprächsanbahnung entweder online oder stationär durch den Primärbetreuer, vgl. § 511 BGB sowie Art. 247 § 18 EGBGB
- Aushändigung vorvertraglicher Informationen, Beratungsvertrag
- Aushändigung des Standardisierten Informationsblatts zur Kreditwürdigkeitsprüfung, vgl. Art. 247 § 1 Abs. 1 Satz 2 EGBGB

Phase 3

- Kundenkontakt und Beratungsgespräch mit dem Baufinanzierungsspezialisten
- Darlehensvermittlung nach § 655 a BGB
- Beratung und Dokumentation

Phase 4

- Produktauswahl und Bonitätsanalyse durch den Baufinanzierungsspezialisten
- Kreditwürdigkeitsprüfung nach §§ 505 a, b, d bis § 511 Abs. 3 BGB
- Schriftliche Produktempfehlung nach Art. 247 § 1 Abs. 2 EGBGB und Bereitstellung ESIS – Formular (Europäisches Standardinformationsblatt)

6.2 Privatdarlehen

Phase 5
- Beleihungswertermittlung
- Beschlussvorlage
- Bewilligung
- Verträge
- Immobilienbewertung nach § 505 c BGB

Phase 6
- Vertragslaufzeit vereinbaren
- Hinweis auf vorzeitige Rückzahlung und Vorfälligkeitsentschädigung bei vorzeitiger Rückzahlung nach § 493 Abs. 5 und § 500 Abs. 2 BGB und Art. 247 § 15 Abs. 2 EGBGB
- Hinweis auf Änderungszinssatz bei Folgefinanzierung
- Hinweis auf Außerordentliche Kündigung nach § 498 BGB
- Hinweis auf Widerrufsrecht nach § 355 BGB

Aufgabe e)
40 % von 75.000,00 EUR = 30.000,00 EUR

30.000 : 195.000 x 100 = 15,38 % Eigenanteil

Aufgabe f)
- Die Nordbank AG kann Herrn Lange einen Zwischenkredit einräumen, der durch die Auszahlungssumme aus dem Bausparvertrag abgelöst wird.
- Die Finanzierungslücke kann durch ein erstrangiges Baudarlehen der Nordbank AG in Höhe von 120.000,00 EUR geschlossen werden.

Aufgabe g)
In Höhe des Bauspardarlehens wird zu Gunsten der Nordbank AG eine zweitrangige Grundschuld in das Grundbuch eingetragen. Der Auszahlungsanspruch aus dem Bausparvertrag wird von Herrn Lange an die Nordbank AG abgetreten. Nach Valutierung des Bausparvertrages tritt die Nordbank AG die Grundschuld an die Bauspar AG ab. Das Bauspardarlehen der Nordbank AG wird durch eine erstrangige Grundschuld abgesichert.

Aufgabe h)
Am 9.02.20.., weil der rechtswirksame Abschluss des Grundstückskaufvertrages der notariellen Beurkundung bedarf.

Aufgabe i)
Durch die Eintragung der Auflassungsvormerkung wird der schuldrechtliche Anspruch auf Übertragung des Eigentums dinglich abgesichert. Verfügungen über das Grundstück durch den Eigentümer sind nach Eintragung der Auflassungsvormerkung dem Vormerkungsberechtigten gegenüber unwirksam.

Aufgabe j)
Der Eigentumserwerb erfolgte am 14.03.20.., da zum Eigentumserwerb Einigung und Eintragung erforderlich sind.

Aufgabe k)

Herr Lange erwirbt das Sondereigentum an der Wohnung in Verbindung mit dem Miteigentum nach Bruchteilen an dem gemeinschaftlichen Eigentum (Grundstück, Treppenhaus, Dach usw.), zu dem es gehört, sowie ein Sondernutzungsrecht an dem in der Tiefgarage gelegenen Pkw-Stellplatz.

6.2.3 Der notleidende Kredit

Aufgabe a)
- Zins- und Tilgungszahlungen fallen in zwei aufeinander folgenden Raten aus.
- Beratungsgespräch wird nicht wahrgenommen
- Werthaltigkeit der Sicherheit nimmt ab, z. B. ausbleibende Gehaltseingänge.
- Kündigung des Kreditvertrags und Fristsetzung von 14 Tagen

Aufgabe b)
Vgl. § 498 BGB (Gesamtfälligkeitsstellung bei Teilzahlungsdarlehen)
- Einladung zu einem Beratungsgespräch
- Kündigung und Fristsetzung von 14 Tagen

Aufgabe c)
Vgl. „Die Abwicklung des gerichtlichen Mahnverfahrens" im INFO
- Beantragung eines Mahnbescheids durch die Nordbank AG
- kein Widerspruch: Antrag auf Erlass eines Vollstreckungsbescheids
- kein Einspruch: Antrag auf Ausfertigung eines vollstreckbaren Titels

Aufgabe d)
Vgl. INFO
- Pfändung in das bewegliche Vermögen des Kreditnehmers
- Zwangsversteigerung oder Zwangsverwaltung in das unbewegliche Vermögen des Kreditnehmers
- Vermögensauskunft (vormals eidesstattliche Versicherung)

Aufgabe e)
Vgl. „Vorläufiges Zahlungsverbot" im INFO

6.3 Firmenkredite

6.3.1 Sicherheitenstellung im Firmenkundenkreditgeschäft

6.3.1.1 Bürgschaft

Aufgabe a) und **Aufgabe b)**

Vgl. § 765 BGB im INFO

- Bürgschaftsvertrag zwischen Jürgen Spengler und der Nordbank AG
- Jürgen Spengler ist der Bürge und haftet als Bürge für die Hauptverbindlichkeit der Jens Paulsen & Söhne KG
- Jens Paulsen & Söhne KG ist der Kreditnehmer und Hauptschuldner.
- Die Nordbank AG hat das Recht im Falle des Kreditausfalls auf den Bürgen zurückzugreifen.

Aufgabe c)

- selbstschuldnerische Höchstbetragsbürgschaft
- Verzicht auf Einreden
- sofortige Inanspruchnahme des Bürgen bei Ausfall des Hauptschuldners ohne vorherige Zwangsvollstreckung

6.3.1.2 Die sicherungsweise Abtretung von Forderungen

Aufgabe a)

Vgl. „Praxisübliche Vertragsformen" im INFO

- Zur Sicherung des Kontokorrentkredits ist die sicherungsweise Abtretung eines Teils der Kundenforderungen zweckmäßig:
- Rahmenzession als Globalzession, die zunächst still behandelt werden soll.
- Durch globale Abgrenzung des abzutretenden Forderungsbestandes (z. B. Forderungsbestand Lübecker Kunden bzw. Kunden mit dem Anfangsbuchstaben A bis H) erfolgt die Individualisierung.

Aufgabe b)

Vgl. § 398 BGB im INFO

Der Sicherungsvertrag kommt durch Einigung und Abtretung zwischen der GRASPA und der Nordbank AG zustande.

Aufgabe c)

Vgl. „Stille Abtretung" im INFO

Aus Imagegründen und aus geschäftspolitischen Gründen könnte der GRASPA an einer stillen Zession gelegen sein. Damit kann eine Beeinträchtigung der Bonität gegenüber seinen

Abnehmern verhindert werden. Außerdem könnten die Drittschuldner ihr Wissen über die Abtretung in zukünftigen Vertragsverhandlungen mit der GRASPA finanziell ausnutzen.

Aufgabe d)

Vgl. „Risiken der Globalzession" im INFO

Die GRASPA versichert, Forderungen nicht mehrfach abzutreten (vgl. Ziffer 1 der Allgemeinen Bedingungen).

Aufgabe e)

120.000,00 EUR

Rechnung: 100.000,00 EUR + 20.000,00 EUR (Sicherungsmarge) = Sicherungswert

Forderungsbestand = 120.000,00 EUR

Aufgabe f)

Die Bank wird den Abschluss einer Globalzession bevorzugen, da sie bereits im Zeitpunkt der Entstehung der Forderungen Gläubiger dieser Forderungen wird, ohne dass es dazu einer Rechtshandlung des Zedenten bedarf.

Aufgabe g)

Vgl. „Praxisübliche Vertragsformen" im INFO

- aktuelle Debitorenlisten, die monatlich erneuert werden müssen
- Blankobenachrichtigungsschreiben an die Drittschuldner der GRASPA GmbH

Aufgabe h)

- Anspruch auf Kündigung des Kontokorrentverhältnisses; Saldenfeststellung (vgl. Ziffer 3 der Allgemeinen Bedingungen)
- unverzügliche Informationspflicht der GRASPA GmbH (vgl. Ziffer 5 der Allgemeinen Bedingungen)
- Die Abtretung wird erst mit Erlöschen des verlängerten Eigentumsvorbehalts wirksam bzw. die Bank hat das Recht auf Einlösung der Forderung (vgl. Ziffer 8).;
- Anzeige-, Spezifizierungs- und Abführungspflicht der Zahlung durch die GRASPA GmbH (vgl. Ziffer 7)
- unverzügliche Informationspflicht der GRASPA GmbH (vgl. Ziffer 5)

Aufgabe i)

- Ein Teil der Drittschuldner stellt sich als zahlungsunfähig heraus.
- Die Drittschuldner machen gegenüber der Nordbank AG Einreden aus dem Grundgeschäft, z. B. mangelhaft gelieferte Waren, geltend.

Aufgabe j)

Offenlegung der Forderung durch Benachrichtigung der Drittschuldner sowie Einzug der Forderung.

Aufgabe k)
Nach Abdeckung ihrer durch die Abtretung gesicherten Ansprüche hat die Bank die ihre abgetretenen Forderungen, soweit sie von ihr nicht in Anspruch genommen worden sind, an den Sicherungsgeber zurück zu übertragen.

6.3.1.3 Die Sicherungsübereignung

Aufgabe a)
- Sicherungsübereignung des Warenlagers, des Pkw und der Geschäftsausstattung, da keine weiteren Sicherheiten vorhanden sind
- Selbstschuldnerische Bürgschaft der Regina Täubner, weil sie alleinige Gesellschafterin und Geschäftsführerin ist.

Aufgabe b)
- Wenn ein enger Sicherungszweck im Kreditvertrag verankert ist, ist keine beliebige Verwendung der Sicherheiten für andere Kredite möglich.
- Rückübertragungsanspruch des Kreditnehmers bei Tilgung des Darlehens

Aufgabe c)
Vgl. „Sicherungsübereignung von Fahrzeugen" und „Raumsicherungsvertrag" im INFO
- Merkmale eines PKW: Fahrgestellnummer, Typ
- Warenlager: Beschreibung der Ware, Bestimmung des Lagerorts mit Skizze bzw. Lageplan
- Büroausstattung: Beschreibung der Gegenstände

Aufgabe d)
Zukünftiges Verwertungsrisiko

Aufgabe e)
Vgl. § 932 BGB (Gutgläubiger Erwerb von Nichtberechtigten)
Maßnahme zur Verhinderung eines unberechtigten Verkaufs des Pkw

Aufgabe f)
Risiken bei Sicherungsübereignung von Fahrzeugen:
- Wertverlust durch Unfall bzw. technischer Verschleiß
- Mehrfachübereignung
- Verlust durch Diebstahl

Risiken bei der Sicherungsübereignung eines Warenlagers:
- unberechtigte Entnahmen
- Vermieterpfandrecht
- Eigentumsvorbehalt der Lieferanten

Aufgabe g)
Sicherung des Anwartschaftsrechts auf Eigentumserwerb durch Zahlungsabwicklung des Kaufpreises durch die Nordbank AG

6.3.2 Kreditarten im Firmenkreditgeschäft

6.3.2.1 Investitionskredit

Aufgabe a)

120.000,00 EUR (84.000 + 2 x 18.000,00 EUR)

Aufgabe b)

84.000 x 45 %	37.800,00 EUR
36.000,00 x 60 %	21.600,00 EUR
Beleihungswert insgesamt	59.400,00 EUR
Auf 1.000 EUR abgerundet	**59.000,00 EUR**

Aufgabe c)

Die Beleihungssätze stehen im Zusammenhang mit der erwarteten Verwertbarkeit der Betriebsausstattung im Falle der Kreditstörung. Die Nordbank AG sieht in der Verwertungsmöglichkeit der Gabelstapler das geringere Risiko. Daher genügt ein geringerer Sicherungsabschlag. Gabelstapler sind in vielen Branchen einsetzbar und haben somit einen breiteren Markt als eine Druckmaschine.

Aufgabe d)

- Es wird das Tilgungsdarlehen mit einer Laufzeit von 4 Jahren empfohlen. Die Laufzeit entspricht der Nutzungsdauer der Druckmaschinen/Gabelstapler. Die durch die Tilgung jährlich kleiner werdende Kreditsumme entspricht in etwa der Abnutzung der Druckmaschinen/Gabelstapler.
- Das Festdarlehen kommt nicht in Frage, weil die Laufzeit weit über die Nutzungsdauer der Investitionsobjekte hinausgeht. Die Lumoprint GmbH müsste demnach den Kredit noch zu einer Zeit bedienen, wo die Investitionsobjekte bereits nicht mehr benutzt werden.
- Ein Kontokorrentkredit wird nur kurzfristig gewährt, er ist daher nicht für die Finanzierung der Investitionsobjekte geeignet, da hierfür Mittel benötigt werden, die langfristig zur Verfügung stehen. Außerdem wäre ein Kontokorrentkredit zu teuer.

Aufgabe e)

Sicherungsübereignungen der Druckmaschinen und der Gabelstapler: Die Sicherungsübereignung bietet den Vorteil, dass die Lumoprint GmbH im Besitz der Investitionsobjekte bleibt und sie für den Produktionsprozess weiter nutzen kann. Die GmbH kann somit die für die Bedienung des Kredits notwendigen Mittel erwirtschaften.

Aufgabe f)

- genaue Bestimmung der Sicherungsgüter
- Einigung über den Eigentumsübergang
- Errichtung eines Besitzkonstituts mittels eines Vertrages, der die Beschreibung der Investitionsobjekte und den Aufenthalt sowie die Nutzung der übereigneten Gegenstände bei der Lumoprint GmbH gestattet, z. B. Leihvertrag

6.3 Firmenkredite

Aufgabe g)
- Einfügung von an den Druckmaschinen befindlichen Fabrikationsnummern in den Sicherungsvertrag
- Anfertigung einer Standortskizze
- Markierung der Druckmaschinen mit einem Aufkleber oder einer Plakette.

Aufgabe h)
Vgl. § 449 und § 158 BGB im INFO
Eigentümer ist zu diesem Zeitpunkt der Lieferant der Gabelstapler. Er hat sie unter Eigentumsvorbehalt geliefert, der Vorbehalt besteht noch, da die Rechnung noch nicht bezahlt ist.

Aufgabe i)
Vgl. § 449 und § 158 BGB im INFO
Eigentümerin ist jetzt die Nordbank AG. Durch Zahlung der Rechnung geht zunächst das Eigentum auf die Lumoprint GmbH über. Da sie aber vorher bereits einen Sicherungsübereignungsvertrag abgeschlossen hat, geht das Eigentum in dem Augenblick auf die Nordbank AG über, in dem es der Lumoprint GmbH (Sicherungsgeber) zustand.

Aufgabe j)

Rechnungsbetrag 2 Gabelstapler	36.000,00 EUR
- 3 % Skonto	1.080,00 EUR
neuer Rechnungsbetrag	34.920,00 EUR
Kreditkosten für 80 Tage zu 10 % auf 34.920,00 EUR (3.492 x 80 : 360)	776,00 EUR
Vorteil des Kredits	**304,00 EUR**

Aufgabe k)
Vgl. „Bilanzanalyse und Rating" im INFO
- Bilanzanalyse
- Rating

6.3.2.2 Betriebsmittelkredit

Aufgabe a)
- Überziehungen können darauf hindeuten, dass der Kredit Not leidend wird.
- Steigende Umsätze eröffnen Möglichkeiten für weitere Kredit-/ Finanzierungsangebote.
- Der Kreditrahmen ist zu gering, es ist eine Anpassung erforderlich (Umsatzsteigerung ist nachhaltig oder vorübergehend?).
- keine zwischenzeitliche Rückführung des Betriebsmittelkredits auf Null

- den dauerhaft in Anspruch genommenen Teil evtl. langfristig umfinanzieren.
- Die Besicherung des Kredits ist nicht mehr ausreichend, es sind zusätzliche
- Sicherheiten erforderlich.
- Vermeidung der höheren Kosten des Überziehungskredits

Aufgabe b)

100.000,00 EUR	Rechnungsbetrag
- 2.000,00 EUR	Skonto
= 98.000,00 EUR	Zahlung nach 10 Tagen
98.000,00 EUR	
+ 544,44 EUR	10 % KK-Zinsen für 20 Tage
= 98.544,44 EUR	Gesamtaufwand bei Skontozahlung
100.000,00 EUR	
- 98.544,44 EUR	
= 1.455,56 EUR	Ersparnis gegenüber in Inanspruchnahme des Lieferantenkredits

Aufgabe c)
- keine Abhängigkeit von Lieferanten
- nur Zinsen auf echte Inanspruchnahme
- Verbesserung der Verhandlungsposition gegenüber den Lieferanten

Aufgabe d)

	Globalzession	Sicherungsübereignung (SÜ)
Bestellung	- Vertrag mit Individualisierung (z. B. Kunden A bis K) der abzutretenden Forderungen. Abtretung sämtlicher gegenwärtiger und zukünftiger Ansprüche	Einigung über SÜ und Vereinbarung eines Besitzkonstituts
Überwachung	lfd. Einreichung und Kontrolle von Listen bzw. Rechnungskopien	gelegentlich, durch in Inaugenscheinnahme
Bewertung/Wertbeständigkeit	- Bonität der Drittschuldner - ständige Erneuerung der Forderungen	- Kauf- bzw. Marktpreis (gemäß Schwackeliste o. ä.) - Wertverlust durch Abnutzung
Probleme bei der Verwertung	- rechtzeitiges Offenlegen und Einziehen der Forderungen - Forderungen (noch) existent?	- Fahrzeuge in Besitz nehmen - aktueller Zustand - Interessenten finden

Aufgabe e)
Die Globalzession, weil
- eine laufende Erneuerung des Forderungsbestandes als Sicherheit stattfindet,
- die Verwertung der Forderungen relativ einfach sein kann.

Aufgabe f)
- Der Kundenkontokorrent ist für laufende Betriebsmittel geeignet.
- Aufnahme eines mittelfristigen Darlehens, Leasing u. a. m.

6.3.3 Bilanzanalyse
Aufgabe a) und b)

	2020	2021	2022
Gez. Kap. + Rückl. +/- Bilanzgewinn/Verlust	22,28 %	23,02 %	25,75 %
Anlagendeckungsgrad 1	55,32 %	57 %	62,73 %
Anlagendeckungsgrad 2	170,21 %	171,34 %	165,10 %
Liquidität 1. Grades	8,52 %	7,10 %	12,78 %
Liquidität 2. Grades	65,31 %	51,69 %	55,63 %
Liquidität 3. Grades	209,24 %	200,32 %	187,13 %
Eigenkapitalrentabilität	0 %	3,95 %	19,31 %
Gesamtkapitalrendite	0 %	5,30 %	8,64 %
Umsatzrentabilität	0 %	0,76 %	4,02 %
Cash-Flow	-	1060	2560
Debitorenziel	54 Tage	45 Tage	42 Tage
Kreditorenziel	84 Tage	98 Tage	95 Tage

Aufgabe c)
Über die Hälfte des Anlagevermögens wurde entweder mit eigenen Mitteln oder mit langfristigem Fremdkapital finanziert. Investierung und Finanzierung stehen in einem guten Verhältnis.

Aufgabe d)
Der Cash-Flow hat sich im Zeitablauf positiv entwickelt (siehe Übersicht).

Aufgabe e)
5 Mio. EUR ergeben eine jährlichen Tilgungs- und Zinsaufwand in Höhe von 1,4 Mio. EUR im ersten Jahr, der verglichen mit dem Cash-Flow des Jahres 2022 von 2,32 Mio. EUR bedient werden könnte.

Kapitaldienst im 1. Jahr: 1,4 Mio. EUR
Cash-Flow 2022: 2,32 Mio. EUR

6.3.4 Finanzierungsleasing

Aufgabe a)

Angebot 1:

Leasingrate: 1.495,00 EUR

Leasingrate insgesamt: 53.820,00 EUR

Angebot 2:

Anschaffungskosten – Restwert = 46.000 - 11.500 = 34.500 EUR

Abschreibungen für 36 Monate: 34.500 : 36 = 958,33 EUR

Durchschnittskapital für 36 Monate: 34.500 + 958,33 = 35.458,33 : 2 = 17.729,17 EUR

7% Zinsen p.a.: 1.241,04 EUR

7% Zinsen für 3 Jahre: 3.723,13 EUR

Zinsen pro Monat: 3.723,13 : 36 = 103,42 EUR

7% Zinsen auf Restwert 11.500 für 3 Jahre: 805 x 3 = 2.415 EUR Zinsen pro Monat für Restwert: 2.415 : 36 = 67,08 EUR

Leasingrate: 958,33 + 103,42 + 67,08 = 1.128,83 EUR

Leasingraten insgesamt 36 x 1.128,83 EUR: 40.637,88 EUR

Leasingfaktor: 2,45 %

Angebot 3:

Anzahlung 15.000,00 EUR

Leasingraten für 36 Monate je 199 EUR: 7.164,00 EUR

Restwert: 27.600 EUR

Aufgabe b)

	NordLeasing	HansaLeasing	AutoLeasing
Summe der Leasingraten	53.820,00 EUR	40.637,88 EUR	7.164,00 EUR
+ Restwert	0,00 EUR	11.500,00 EUR	27.600,00 EUR 15.000,00 EUR (Anzahlung)
Summe	53.820,00 EUR	52.137,88 EUR	49.764,00 EUR
Vertragsform	VA-Vertrag	TA-Vertrag mit Mehrerlösbeteiligung	Mietkauf

Das Angebot der AutoLeasing ist nicht erlasskonform.

Aufgabe c)

TA-Vertrag (2) HansaLeasing, wegen gleich bleibender Leasingraten, die geringer sind als in Angebot 1. Das Angebot 3 kann wegen Anzahlung und Zielrate am Ende der Laufzeit aus Liquiditätsgründen negativ sein. Außerdem können Anzahlung, Zielrate und ein großer Teil der Mietraten nicht als Aufwendungen abgesetzt werden.

Aufgabe d)

	15 % Restwert	30 % Restwert
Restwerterlös	6.900 EUR	13.800 EUR
Restwertschätzung 25 %	11.500 EUR	11.500 EUR
Differenz	- 4.600 EUR	+ 2.300 EUR

Fall 1: 15 % statt 25% Restwert: Kora GmbH hat einen Restwertausgleich zu zahlen, 4.600,00 EUR.

Fall 2: 30 % statt 25% Restwert: Kora GmbH erhält 75 % des Mehrerlöses, also 1.725 EUR. Die HansaLeasing erhält 25% des Mehrerlöses, also 575 EUR.

Aufgabe e)

Vollamortisation ist unwirtschaftlich, da die Leasingraten steigen (Restwert müsste miterlöst werden) und der Wagen könnte nur 54 Monate statt 60 Monate genutzt werden. Der Restwert würde zudem Leasinggeber zustehen.

Aufgabe f)

Wenn der Restwert zu niedrig angesetzt wird, und sich dann am Ende der Leasingzeit ein relativ großer Mehrerlös aus dem Verkauf des Objekts ergibt, ohne dass der Leasingnehmer daran beteiligt wird. Der Mehrerlös steht dem Leasinggeber zu. Sollte dies häufiger der Fall sein, wird ein zukünftiger Vertragsabschluss unwahrscheinlich.

6.3.5 Factoring

Aufgabe a)

Bestand des Forderungsverkaufs	30.000.000,00 EUR
- Sperrguthaben 10 %	3.000.000,00 EUR
= Liquiditätsgewinn	27.000.000,00 EUR

Aufgabe b)

Dieser Liquiditätsgewinn versetzt die NordLeasing GmbH in die Lage, die Lieferantenrechnungen innerhalb von 10 Tagen zu bezahlen und damit Skonto oder Rabatte auszunutzen.

Aufgabe c)

- Finanzierungsfunktion
- Delkrederefunktion oder Ausfallrisikoübernahme
- Dienstleistungsfunktion

Aufgabe d)

Vorteile für die NordLeasing GmbH:
- Liquiditätsvorteil
- Skontiausnutzung gegenüber ihren Lieferanten
- Bilanzvorteil, Eigenkapitalanteilverbesserung
- Gewerbesteuerersparnis
- Übertragung des Ausfallrisikos auf die Factoringgesellschaft
- Ersparnis von Verwaltungs- und Mahnkosten

Nachteile
- Abtretung von Forderungen mit verlängerten Eigentumsvorbehalt
- Abtretungsverbot
- Imagenachteil für die Factoringgesellschaft

Aufgabe e)

Factoringgebühr 1,5 ‰ vom Jahresumsatz	270.000,00 EUR
+ 0,15 ‰ Bonitätsprüfung auf die eingekauften Leasingraten	4.500,00 EUR
+ Sollzinsen 12 % p.a.	3.600.000,00 EUR
- Habenzinsen 6 %	180.000,00 EUR
Kosten des Factoring	**3.694.500,00 EUR**

GPSR Compliance

The European Union's (EU) General Product Safety Regulation (GPSR) is a set of rules that requires consumer products to be safe and our obligations to ensure this.

If you have any concerns about our products, you can contact us on ProductSafety@springernature.com

In case Publisher is established outside the EU, the EU authorized representative is:

Springer Nature Customer Service Center GmbH
Europaplatz 3
69115 Heidelberg, Germany

Batch number: 08447977

Printed by Printforce, the Netherlands